본 저서는 방일영문화재단의 지원을 받아 저술됐습니다.

한류(韓流), 북한을 흔들다
- 남한 영상매체의 북한 유통경로와 주민 의식 변화

2011년 2월 28일 초판 1쇄 발행

저자 강동완·박정란

펴낸곳 (주)늘품플러스 펴낸이 전미정 기획·교정 서재영 이정인 위은옥 디자인·편집 정윤혜
출판등록 2009년 12월 3일 제301-2009-230호 주소 서울 중구 필동 1가 39-1 국제빌딩 607
전화 070-7090-1177 팩스 02-2275-5327 E-mail go5326@naver.com 홈페이지 www.npplus.co.kr

정가 12,500원
ISBN 978-89-93324-20-4 03340
ⓒ강동완, 박정란, 2011

이 책은 저작권법에 따라 보호받는 저작물이므로 무단 전재와 무단복제를 금지하며,
이 책 내용의 전부 또는 일부를 이용하려면 반드시 저작권자와 (주)늘품플러스의 동의를 받아야 합니다.

한류,
북한을 흔들다

강동완·박정란 공저

제1장 북한에 부는 한류(韓流)

1. 무엇에 대한 연구인가? _15
2. 북한이탈주민들에 대한 심층면접 _18
3. 심층면접 참여자의 배경과 질문 내용 _25

제2장 남한 영상매체의 북한 유통 구조
― 남한 영상매체는 북한에서 어떻게 확산되고 있을까?

1. 지역간 유통 구조: 북·중 국경 지역부터 북한 내륙 전역까지 _37
2. 대인간 유통 구조: 시장을 통한 거래와 돌려 보기 _44
3. 남한 영상매체의 확산 및 유통 구조의 특징 _74

제3장 남한 영상매체 시청과 북한주민 의식 변화
― 남한 영상매체는 북한주민에게 어떤 영향을 미칠까?

1. 정치·경제 분야 의식 변화: 사상의 이완 _83
2. 사회·문화 분야 의식 변화: 남한 따라하기 _96

제4장 남한 영상매체의 확산과 북한 당국의 대응
― 남한 영상매체를 시청하다 적발되면 어떻게 될까?

1. 기술적 통제: 땜질로 채널 고정하기 _109
2. '엄중한 처벌'과 '뇌물을 통한 뒷거래' 사이에서 _111

제5장 남한 영상매체 시청과 탈북, 그리고 남한 생활
— 북한에서 본 남한에 대한 환상, 남한에서의 현실은?

1. 남한 영상매체 시청이 탈북에 미친 영향 _127
2. 북한에서 본 남한 영상매체 내용과 한국 입국 이후 현실 _137

제6장 남한 영상매체 확산과 북한 체제 변화
— 북한, 아래로부터의 변화 가능성은 있을까?

1. 남한 영상매체 확산과 문화적 접변 _147
2. 북한주민들의 불만은 왜 행동으로 결집되지 않을까? _150
3. 남한 영상매체는 북한 체제 변화의 촉매제가 될 수 있을까? _154

제7장 글을 맺으며 _159

주석 _169
참고문헌 _173

드라마 〈천국의 계단〉이 바꿔놓은 삶

평소 친하게 지내던 북한 출신 친구와 함께 무의도(실미도)에 간 적이 있었다. 그곳에서 만난 것은 바닷가 한 켠에 자리 잡은 예쁜 이층집. 바로 드라마 〈천국의 계단〉을 촬영한 세트장이었다. 그 친구는 북한에 있을 때 〈천국의 계단〉을 무척이나 재미있게 보았다고 했다. 비록 드라마이기는 하지만 난생 처음 접한 남한의 모습은 신기할 따름이었고 사흘 밤낮을 보고 또 보면서 남한에 대한 환상과 동경을 품었다고 한다. 그런데 그 촬영장에 자신이 직접 찾아오게 될 줄은 꿈에도 몰랐다는 것이다.

이 책은 바로 거기에서부터 출발했다. 폐쇄된 국가, 은둔의 나라로 알려진 북한. 통제와 감시 속에 잘 짜인, 창살 없는 감옥으로 묘사되는 북한 사회에서 분명 남한 드라마와 영화가 인기를 누리고 있었다. '나도 저런 곳에 가서 한번 살아봤으면…' 하며 남한을 동경하게 되고 드라마에 나오는 배우의 옷과 헤어스타일을 따라 하기도 했다. 과연 북한에도 한류(韓流)가 있을까?

그동안 일부 북한 주민들이 남한 드라마나 영화를 시청한다는 사실은 연구와 언론보도를 통해 간간히 알려져 왔다. 우리의 관심은 여기에서 더 나아가 북한에서 남한 드라마나 영화가 유통된다면 북한 지역 어디까지, 그리고 어느 계층에까지 퍼져있는가에 대한 물음을 제기했다. 또한 남한 영상매체 시청이 탈북 과정에 어떠한 계기와 환경으로 작용했으며, 개인의 의식과 행위 변화는 어느 정도이며, 이러한 변화가 북한사회 전반에 어떠한 파급력을 가질 수 있는가에 관심을 두었다.

한류 열풍은 일본, 중국, 동남아를 넘어 세계 각지로 확산되며 많은 사람들의 마음을 사로잡고 있다. 한류를 통해 한국 문화를 알게 되고 간접적으로나마 한국을 경험하게 된다.

이러한 한류가 북한에도 흐르게 된다면 북한주민들도 한국 문화에 다가 설수 있지 않을까. 오랜 기간 북한 당국의 억압과 통제 아래에서 편향된 정보만을 주입 받아온 북한주민들에게 남한 드라마·영화와의 만남은 새로운 세계에 대한 호기심을 촉발시킬 가능성이 높다. 한류라는 남북한을 관통하는 문화의 흐름은 정치·군사적 대립상황에도 불구하고 이미 진행되고 있는 사람들 간의 정서적 교감이자 통합의 진전 상황은 아닐까. 아무쪼록 이 책이 남북한 주민들이 너나들이(서로 너, 나하며 허물없이 지내는 사이)로 살아가는데 조금이라도 보탬이 되기를 간절히 소망한다.

이 책이 나오기까지 많은 분들의 도움과 배려가 있었다. 먼저 연구를 지원해 주신 방일영 문화재단에 감사드린다. 이 연구에 남다른 애정과 관심을 가져 주신 통일문화연구원 라종억 이사장님, KBS 안민자 PD님, 미국의 소리(VOA) 김현주 서울지국장님과 김환용 취재부장님, (사)성통만사 김영일 대표님과 박서현 총무님에게 고마움을 표하고 싶다. 저자들이 몸담고 있는 통일연구원과 서울대 통일평화연구소 식구들에게 깊은 감사를 드린다. (주)늘품플러스 전미정 대표님과 이선영, 서재영 팀장님, 1년간 함께 수고해 준 최순미 연구원에게도 감사함을 전한다. 이 책은 면접에 응해주신 북한이탈주민 여러분들의 진심 어린 답변이 아니었으면 결코 완성될 수 없었다. 특히 면접참여자 섭외 과정에서 이영실 님의 전적인 도움이 있었다. 끝으로 이 책을 우리들의 부모님께 바친다.

2011년 1월의 마지막 날
저자 일동

이제 세상에 나가 너의 젊음으로 낡은 생각들을 뒤엎고,
너의 패기로 세상의 잠든 영혼들을 깨우고,
너의 순수함으로 검은 양심들을 깨끗이 청소하고,
너의 사랑으로 외롭고 소외된 마음들을 한껏 보듬어라.
-장영희,『문학의 숲을 거닐다』중에서-

한류(韓流), 북한을 흔들다
남한 영상매체의 북한 유통경로와 주민 의식 변화

제1장

북한에 부는 한류(韓流)

1. 무엇에 대한 연구인가?

남한 영상매체, 북한주민이 외부 세계를 보는 또 다른 창

1990년대 중·후반, 북한에서는 심각한 경제난으로 식량 위기가 발생했다. 기존 사회주의 체제를 유지해주던 중앙배급제가 원활히 이뤄지지 못하면서 북한주민은 생존을 위해 스스로 식량을 구해야 하는 처지로 내몰렸다. 이 과정에서 중국에 있는 친지 방문이나 밀거래를 위해 국경을 넘는 일이 잦아졌고, 그동안 엄격하게 통제됐던 북한 내 지역간 이동도 활발히 이뤄졌다.

기존 배급제를 근간으로 하는 중앙통제 시스템의 붕괴는 자생적인 시장을 형성하는 계기가 됐다. 북한주민은 당장 먹을 것을 구하기 위해 식량과 교환할 수 있는 것이면 무엇이든 장마당에 갖고 나와 거래를 했다. 북한 당국의 통제와 감시가 이완되면서 자생적 시장은 점차 더 많은 지역으로 확대됐고 식량 이외에도 생필품을 비롯해 거래 품목이 다양해지면서 시장의존도는 더욱 높아졌다.

주목할 점은 중국 국경을 넘나드는 사람들과 시장을 통해 외부 정보와 문화가 급격히 유입·확산됐다는 점이다. 남한 드라마나 영화 등의 영상매체가 유입됐고, 이를 통해 이른바 '아랫동네'(북한에서 남한을 일컫는 속어)에 관한 정보가 북한주민 사이에 전파됐다.

시장 확대를 통한 남한 영상매체의 유통은 자연히 정보 확산이라는 파급력을 갖게 돼 북한주민의 의식 변화에 영향을 미쳤다고 볼 수 있다. 무엇보다 오랜 기간 동안 사회주의 체제의 정보통제 속에서 살아온 북한주민에게 남한 드라마와 영화는 외부 세계의 문화와 정보를 접할 수 있는 창이 됐다. 남한 드라마와 영화 속 세계는 북한주민이 지금까지 살아오면서 한 번도 접해 보지 못한 새로운 세상이었다.

새로운 사회상의 형성: 사람과 사람 사이의 연계망

북한에서 남한 영상매체가 확산되면서 새로운 사회상이 나타났다. 영상물이라는 상품이 매개체가 돼 사람과 사람 사이의 연계망이 형성된 것이다. '행위자 네트워크 이론'(actor-network theory)으로 보면 비인간적 물체가 인간과 함께 이종(異種) 네트워크를 구성한다.[1] 주목할 것은 비인간적 물체와 인간으로 구성되는 이종네트워크에서 비인간적 물체, 즉 상품의 소유정도가 인간 간의 권력의 크고 작음으로 나타난다는 점이다. 남한 영상매체라는 상품도 북한 주민과 더불어 이종네트워크를 구성하고, 상품의 소유량에 따라 북한 주민간에 권력관계를 형성할 수 있다. 또한 이와 같은 연계망이 지속적으로 확산될 경우 또 다른 권력구조로서 북한체제에 압력을 가할 수 있다는 가정도 가능하게 한다.

외부 정보 유입의 구조와 기능

우리는 북한에서 확산되고 있는 이러한 남한 영상매체 유통 현상에 주목해 북한 내부의 남한 영상매체 유통 구조를 살펴보고, 기능적 측면에서 사회 변화에 어떤 영향을 미치는가에 관심을 두었다. 이를 위해 북한에서 남한 영상매체가 외부에서 어떻게 유입되고, 북한 내부에서 어떻게 확산되는지 지역간·대인간 구조를 살펴보고자 한다. 나아가 남한 영상매체 확산과 북한주민의 의식 변화가 향후 북한 체제 변화에 어떤 영향을 미칠 것인가를 전망한다.

북한주민은 남한에 대해 북한 당국이 지시하고 주입한 편향된 인식을 갖고 있다고 볼 수 있다. 그런데 외부에서 유입된 정보가 사회적 연결망을 통해 확산돼 개인의 의식 변화와 행위에 영향을 미칠 수 있으며, 이는 곧 체제의 변화를 촉발시킬 수 있는 요인이 될 수도 있다. 따라서 외부 정보 유입의 구조와 기능에 대한 분석은 결국 북한 체제라는 구조적 틀 안에서 이를 구성하는 행위자들의 변화가 체제에 어떤 영향을 미치는가를 살펴보는 것이다.

▬ 일탈 행위, 탈북 그리고 남한 생활

이와 함께 남한 영상매체의 유통과 확산이라는 북한주민의 일탈 행위에 북한 당국은 어떻게 대응하고 있는지 살펴본다. 지금까지 북한 당국은 체제 유지를 위해 외부 정보에 대한 엄격한 통제와 감시를 통해 주민들의 눈과 귀를 막았다. 하지만 주민들 사이의 은밀한 거래, 더 나아가 간부들과 연계된 조직적인 거래망 형성, 뇌물을 통한 봐주기 등은 북한 사회의 균열을 초래하는 틈새로 보인다. 북한 당국의 위로부터의 억압과, 이에서 벗어나려는 아래로부터의 이완이 북한 사회 변화에 어떻게 작용하는지 살펴본다.

아울러 북한에서 남한 영화나 드라마를 통해 얻게 된 남한에 대한 인식과 실제로 탈북을 통해 남한에서 직접 경험하는 생활이 서로 차이가 있는지에 관한 내용도 함께 다룬다. 즉, 북한에 있을 때 남한 영상매체를 통해 경험한 남한에 대한 환상과 동경이 과연 남한 입국 후에도 그대로 희망이 됐는지, 아니면 환상과 실제의 차이로 인해 절망으로 변했는지에 관한 문제다.

2. 북한이탈주민들에 대한 심층면접

연구의 구조 및 방법

이 책의 얼개는 크게 남한 영상매체 유통의 '구조'와 '기능'에 대한 분석으로 이뤄져 있다. 먼저 '구조' 분석은 남한 영상매체가 북한에서 어떻게 확산되고 있는가 하는 문제로서, 이는 다시 '지역간 유통 구조'와 '대인간 유통 구조'라는 두 부분으로 나뉜다.

다음으로 '기능' 분석은 남한 영상매체가 북한주민의 의식 변화에 어떤 영향을 미쳤는가 하는 문제로서, 이는 '정치·경제적 의식 변화'와 '사회·문화적 의식 변화'로 구분한다. 그리고 이러한 의식 변화가 행위에 어떤 영향을 미쳤는가를 살펴보기 위해 남한 영상매체 시청과 탈북이라는 주제를 다룬다.

▬ 지역간 유통 구조: 시장의 거래망을 통한 유통

지역간 유통 구조에 대해서는, 북한에서 주 거주지로 생활했던 지역에서, 아니면 장사나 친지 방문 등을 위해 타지역으로 이동해 그곳에서 남한 영상매체를 시청하거나 목격한 사례 등을 종합적으로 파악해 남한 영상매체 시청의 지역적 분포도를 제시한다.

또한 시장의 거래망을 통해서 남한 영상매체가 북한 지역에 어떻게 유통되고 있는가를 살펴본다. 폐쇄적인 북한 사회에서 주민간 접촉면이 확대되는 것은 전국적 규모로 확대된 시장이 형성됐기 때문이며, 이 연결망을 통해 상품 유통과 정보 유입이 이뤄지는 것으로 볼 수 있다. 시장의 활성화는 자연스럽게 거래망을 중심으로 한 새 네트워크 형성으로 이어진다. 중국 등을 통해 물건을 반입하는 사람, 시장에서 장사하는 사람, 그리고 도매상과 소매상 등 상품을 매개로 한 네트워크가 형성되고 있는 것이다.[2] 따라서 남한 영상매체가 시장의 거래망을 통해 어떻게 거래되고 어느 지역까지 유통되고 있는가 라는 문제에 초점을 둔다.

— 돌려 보기를 통한 사회적 연결망

대인간 유통 구조는 돌려 보기를 통한 사회적 연결망이 동일 지역을 포함해 사람과 사람 사이에 어떻게 네트워크를 형성하고 있는가 하는 문제이다. 네트워크와 행위의 관점에서 한 개인의 행위가 다른 행위자에게 어떤 영향을 미쳤는지에 초점을 둔다. 이는 폐쇄적인 북한 사회에서 한 개인의 접촉을 통해 전달되는 정보의 유형과 이에 따른 의식 변화는 전체 구조 및 시스템에 영향을 미칠 수 있다고 보기 때문이다.

북한주민이 영화나 드라마 등 남한 문화를 접하는 것 자체가 불법적인 행위인데, 친한 지인들과 돌려 보기 등의 과정을 통해 비공식적인 소통 구조의 형성이 동반되고 있다. 더욱이 문화에는 새로운 가치와 규범이 포함돼 있다는 점에서 기존의 공적 담론을 흔드는 중요한 요인이 되고 있다는 점이 중요하다.[3]

— 유통의 확산, 의식 변화 그리고 북한 사회의 변화

이러한 남한 영상매체의 유통 구조와 그 기능에 대한 분석을 통해 폐쇄적인 북한 사회 내 외부 정보 유입의 특징을 파악할 수 있으며, 더 나아가 행위자 사이의 관계망을 통해 구조를 만드는 참여자의 행위를 구체적으로 파악하는 데까지 이른다. 개별 행위자 차원에서 특정 개인이 어떤 네트워크에 참여하고 주된 의식 변화의 원천은 무엇인가에 대해 구체적인 내용들을 살펴볼 수 있다.

즉, 네트워크 유형과 행위선택 중 북한에서 지역간·대인간 연결을 가능하게 하는 브리지나 연결점4의 역할을 하는 행위자의 특성을 파악해 정보 유통의 확산 경로를 분석하는 것이다. 이러한 논의를 통해 본 연구에서 궁극적으로 논의하고자 하는 것은 남한 영상매체의 유통 경로와 확산 그리고 의식 변화가 향후 북한사회 변화에 어떤 영향을 미칠 것인가 하는 문제이다.

사회적 연결망을 통한 분석

개체간 연결망과 전체 구조의 변화

이 책에서 적용하는 이론적 논의의 틀은 사회적 연결망이다. 사회적 연결망 분석의 경우 대인간 연결은 누가 누구로부터 누구를 거쳐 연결되는지가 나타난다. 이는 개체와 개체 사이의 전체(네트워크)에서 개체(행위자)가 어떤 선택을 할 것인가에 대해 구체적인 동인을 파악하게 한다.

사회연결망 분석은 미시적 분석(개인의 행위)과 거시적 분석(구조적 특성)이 모두 가능하다는 장점이 있다. 즉, 개인별 연결 상황을 파악하고 이러한 개인의 총합체인 공동체 및 연결망이 구조에 어떤 영향을 미치는가를 파악할 수 있는 것이다.

다시 말해 개별 행위자의 선택이 다른 행위자에게 어떤 영향을 미칠 것인지 그리고 그 선택은 전체 네트워크와 어떻게 연관되며 또 어떻게 영향을 주고받는지, 다시 이것이 개별 행위자의 차후 선택에 어떤 영향을 미치는지 등에 대한 윤곽을 어림잡을 수 있는 것이 사회네트워크 분석의 장점이다. 이러한 개체의 선택과 그 인센티브를 읽어내게 되면 전체의 변화에 대해서도 보다 실질적인 논의가 가능하다.[5]

향후 북한 사회의 변화를 예측하기 위해서는 개체(주민)의 선택과 대인·지역간 연결이 곧 전체(북한 사회)에 어떤 영향을 미치는지에 대한 종합적인 분석이 필요하다. 즉, 개인간 유통 상황을 파악하고 이러한 개인의 총합체인 공동체 및 연결망이 전체 구조에 어떤 영향을 미치는가를 파악하는 것이다. 결국 이러한 미시·거시적 분석을 통해 개인의 행위양상은 물론, 이러한 개인간 연결망의 확대가 과연 북한 사회라는 구조에 어떤 영향력을 미칠 것인가를 알 수 있다.

─ 티핑 포인트(tipping point)의 법칙

더불어 북한 사회에서 남한 영상매체를 통한 외부 정보 유입이 티핑 포인트(폭발적 성장과 함께 나타나는 질적 변화)로서 기능할 수 있는가의 문제로 확대된다. 티핑 포인트 법칙은 역동적 네트워크에서 '몇 가지 중요한 조건이 충족되면' 양이 증가하고 그것이 결국 질적인 변화까지 만들어냄을 의미하는데,[6] 폐쇄적인 북한 사회에 남한 영상매체의 폭발적인 증가와 확산 등으로 인해 북한 사회의 아래로부터의 변화 가능성이 나타날 수 있는

가라는 질문이다.

분석틀

이 책에서 논의하고자 하는 내용 전체를 도식화해 정리하면 아래 <그림1-1>과 같다.

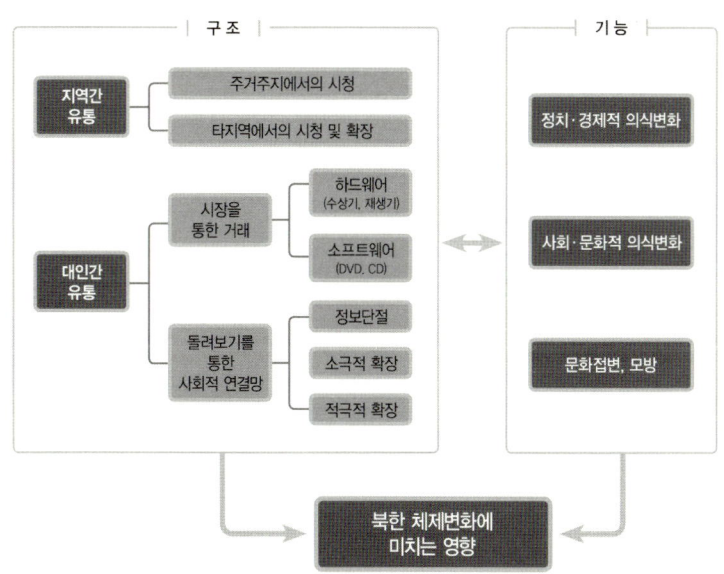

그림 1-1. 주요 논의 내용

남한 영상매체의 대상: 남한 방송 직접 수신, CD, DVD

이 책에서 다루는 남한 영상매체는 일반 TV나 위성 TV를 통해 직접 수신되는 남한 방송과 CD, DVD 등을 통해 시청하는 남한 영화나 드라마 등을 대상으로 한다. 공식 매체들은 북한 정권의 통제와 방해로 인해 심각하게 영향을 받지만, 북한주민은 또 다른 비공식적인 길을 찾아 외부와의 접촉을 찾는다. 그 방법의 하나가 비디오나 CD, DVD 등과 같은 개별 매체를 통한 접촉이다.[7]

연구 방법

이 책에서는 문헌 연구와 함께 문화기술적 연구 방법 가운데 심층면접법(In-dept Interview)을 주요 연구 방법으로 삼았다. 심층면접법은 연구자가 제보자에게서 연구 주제와 관련된 정보를 얻기 위한 "목적을 지닌 대화"라고 정의할 수 있다. 심층면담 방법은 "관찰할 수 없는 과거의 사건, 연구자가 이해할 수 없는 관찰 내용, 관찰만으로는 도저히 알 수 없는 제보자의 생각, 의도, 감정 등을 알고자 할 때 유용"하며, 연구자가 제보자의 관점을 이해할 수 있게 해준다. 특히 심층면담 방법은 제보자가 경험한 다양한 활동의 정서적, 인지적 측면이 잘 드러나게 해준다.[8] 면접대상자 선정은 사회적 연결망을 통해 탈북 연도, 북한 내 주거 지역 등을 주요 요인으로 고려해 면접대상자를 연결해 가는 방식을 사용했다.

3. 심층면접 참여자의 배경과 질문 내용

심층면접 참여자의 사회·경제적 배경

이 책에서 실시한 심층면접 참여자의 사회·경제적 배경을 살펴보면, 전체 참여자 중 여성이 82퍼센트, 남성이 18퍼센트로, 2005년 이후 입국한 북한이탈주민 가운데 여성의 비율이 75퍼센트 이상을 차지하는 현 상황을 반영하고 있다.

연령별로는 20~40대까지의 응답자가 88퍼센트로 나타났는데, 현재 남한에 입국한 북한이탈주민 가운데 20~40대의 비율이 80퍼센트 이상임을 감안하면 응답자의 연령별 비율 역시 북한이탈주민 입국 현황을 반영하고 있다고 볼 수 있다.

직업별로는 당정기관 2명, 전문직 2명, 사무원 7명, 노동자 6명, 학생 1명, 농어민 2명, 교원 8명, 무직/기타 5명 등으로 나타났으며, 이들 중 약 30퍼센트는 원래의 직업을 유지하면서 장사를 병행하거나 장사를 해 본 경험이 있는 것으로 나타났다.

북한에서의 최종 학력은 고등중학교를 졸업한 사람이 52퍼센트로 가장 많았으며 전문대 이상이 24퍼센트, 대학 이상이 24퍼센트의 비율로 나타났다.

면접참여자는 2000년 이후에 북한을 나온 경우만을 대상으로 했다. 탈북 시기별 응답자 분포를 살펴보면, 전체 응답자 가운데 2007년에 탈북한 경우가 28퍼센트로 가장 많았으며, 그 다음으로 2008년 24퍼센트, 2005년 12퍼센트, 2009년 12퍼센트로 나타났다. 대개 북한이탈주민은 탈북 이후 제3국 등을 거쳐 남한으로 입국하게 되는데, 전체 응답자 가운데 남한 입국 시기별로는 2008년에 입국한 경우가 34퍼센트로 가장 많았으며, 2009년 27퍼센트, 2007년 18퍼센트, 2006년 12퍼센트로 각각 나타났다.

북한에서의 주 거주지는 남한 영상매체를 접한 장소를 의미하는데, 함경북도가 43퍼센트로 가장 많았으며, 양강도가 18퍼센트로 두 번째로 많았다. 그 밖의 지역은 평안북도 9퍼센트, 평안남도 9퍼센트, 황해북도 9퍼센트, 자강도 6퍼센트, 함경남도 3퍼센트, 황해남도 3퍼센트 순으로 조사됐다.

남한 영상매체의 유통과 확산 경로를 입체적으로 추적하기 위해 다양한 지역을 대상으로 하고자 노력했다. 심층면접 참여자는 33명이지만 섭외를 위해 실제로 접촉한 인원은 100여 명에 이른다. 이는 심층면접 참여자의 출신 지역에 대한 안배 때문이었다. 본 연구에서 중점을 둔 논의 중 하나는 남한 영상매체가 북한의 어느 지역까지 확산됐는가에 관한 문제였다. 우리는 심층면접 참여자 섭외 과정에서 북한의 행정구역이 표시된 지도를 펼쳐 놓고, "북한에 있을 때 남한 영상매체를 시청한 지역과 장소는 어디입니까"라는 질문을 했다. 출신 지역과 주 거주지를 우선적으로 고려해 중복되는 지역은 섭외에서 제외했고 새로운 지역을 표시하며 면접참여자를 선정했다. 북한의 함경도 지역은 다른 지역과 비교할 때 중국 국경을 접하고 있어 비교적 탈북이 용이하다. 그래서 남한에 입국한 북한이탈주민의 경우 주로 함경도 지역 출신이 많은 비중을 차지하고 있다. 이러한 이유에서 이 책의 면접조사를 위해 함경도 지역이 아닌 다른 지역 출신의 북한이탈주민을 찾는 것은 그만큼 더 어려움이 있었다. 설령 함경도 이외 지역 사람을 찾았다 하더라도 남한 영상매체를 시청하지 않은 경우는 면접에 참여할 수가 없었다.

결국 함경도 이외 다른 지역인가의 여부와 북한에서 남한 영상매체를 시청했는가라는 두 가지 요건을 모두 충족하는 북한이탈주민을 만나 면접참여자로 섭외하는 일은 여간 어려운 일이 아니었다.

이러한 과정을 통해 만난 33명의 면접참여자는 단순 숫자로서의 의미가 아닌 북한 행정구역 상 전체 9개 도(道)에 분포되어 있다는 점과, 또한 같은 도(道)라 하더라도 다른 시·군 지역 출신이라는 점에서 의미가 있다.

면접참여자의 사회경제적 배경은 다음의 <표 1-1>과 같다.

— 표 1-1. 심층면접 참여자의 사회경제적 배경

연번	성명	성별	나이	직업	학력	탈북일	입국일	주 거주지
1	이ㅇㅇ	여성		주부	고졸	2003.9	2006.9	함경북도 온성군
2	김ㅇㅇ	여성		인민반장	고졸	2008.10	2009.1	함경북도 온성군
3	정ㅇㅇ	남성		외화벌이 장사	대졸	2005.6	2006.7	황해북도 송림시
4	김ㅇㅇ	여성		주부	고졸	2008.2	2008.7	함경북도 회령시
5	정ㅇㅇ	여성		가내수공(미싱일)	고졸	2008.9	2008.11	함경북도 무산군
6	최ㅇㅇ	여성		농어민	고졸	2009.1	2009.3	함경북도 경원군
7	최ㅇㅇ	여성		주부	전문대졸	2009.1	2009.3	함경북도 온성군
8	이ㅇㅇ	여성		유치원 교사, 밀수꾼	전문대졸	2007.9	2008.3	양강도 혜산시
9	전ㅇㅇ	남성		노동자	고졸	2005.1	2006.10	함경남도 함흥시
10	어ㅇㅇ	여성		노동자-상인(장사)	고졸	2006.2	2006.7	함경북도 회령시
11	김ㅇㅇ	여성		유치원교사	고졸	2007.11	2008.2	평성시, 순천시
12	박ㅇㅇ	여성		주부-상인(장사)	고졸	2008.6	2008.12	함경북도 회령시
13	김ㅇㅇ	여성		노동자-상인(장사)	고졸	2005.1	2009.12	함경북도 김책시
14	장ㅇㅇ	여성		주부	고졸	2007.11	2008.4	양강도 혜산시
15	강ㅇㅇ	여성		은행원	전문대졸	2007.1	2007.12	양강도 삼수군
16	박ㅇㅇ	여성		사무원	대졸	2006.11	2007.6	함경북도 회령시
17	김ㅇㅇ	여성		농어민	중졸	2008.9	2008.11	함경북도 경원군
18	전ㅇㅇ	여성		노동자, 상인(장사)	전문대졸	2009.6	2009.10	양강도 갑산군
19	김ㅇㅇ	여성		주부, 상인(장사)	전문대졸	2009.10	2010.1	황해북도 사리원시
20	전ㅇㅇ	여성		학생	전문대졸	2007.2	2007.7	평안남도 숙천 평성시
21	최ㅇㅇ	여성		사무원, 상인(장사)	전문대졸	2005.1	2005.8	남포시 강서 구역
22	전ㅇㅇ	여성		노동자	고졸	2007.12	2009.5	함경북도 두만강 군
23	김ㅇㅇ	여성		노동자	고졸	2004.5	2007.9	함경북도 혜령시
24	박ㅇㅇ	남성		세관 검사원	대졸	2000.6	2005.6	자강도 중강군
25	강ㅇㅇ	남성		인민보안성	대졸	2007.4	2007.7	황해도 해주
26	김ㅇㅇ	여성		교원	대졸	2007.2	2007.8	평안북도 삭주군
27	전ㅇㅇ	여성		교원	대졸	2004.11	2008.5	함경북도 오랑군/ 신의주 해방동
28	조ㅇㅇ	남성		번역사	대학졸업	2008.1	2008.4	평안북도 삭주군
29	김ㅇㅇ	여성		사무원	대학졸업	2007.11	2008.3	자강도 시중군
30	배ㅇㅇ	남성		노동자	중졸	2008.12	2009.6	평안남도 성천군
31	오ㅇㅇ	여성		노동자	중졸	2001.7	2005.10	황해북도 청산군
32	하ㅇㅇ	여성		노동자	전문대졸	2008.12	2009.4	양강도 후창군
33	최ㅇㅇ	여성		사무원	대학 중퇴	2004.9	2009.6	양강도 갑산군

질문 내용

— 얼마나 자주 봤을까?

우리는 면접참여자들에게 남한 영상매체를 얼마나 자주 보았는지 질문했다. 북한에서 남한 영상매체를 시청한 빈도는 아래 <그림 1-2>와 같다. 결과를 보면 한 달에 한두 번 시청한 비율이 41퍼센트로 가장 높았고, 매일 보았다는 응답율도 34퍼센트에 이르렀다. 이외에 일주일에 한두 번 정도가 16퍼센트, 1년에 몇 번 정도로 기억하는 비율이 9퍼센트 정도였다.

— 그림 1-2. 남한 영상매체 시청 빈도

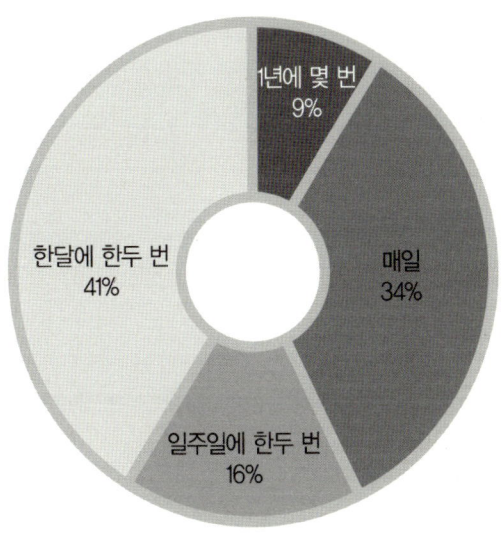

— 북한에서 소유했던 영상 기기는?

면접참여자들은 주로 북한에서 자신들이 지닌 녹화기와 수상기를 통해 남한 영상매체를 시청했는데, 이들이 소유한 영상 기기는 아래 <그림 1-3>과 같이 조사됐다. 수상기(텔레비전)는 산간벽지 마을을 제외하고 대부분 소유했던 것으로 나타났다.

북한의 전력 사정이 좋지 않기 때문에 전기가 들어오는 짧은 시간 동안 시청하는 경우도 있었고, 중국에서 들여온 소형 텔레비전에 자동차용 배터리를 연결해 시청했다고도 한다. 또 해당 지역에 전기 공급을 담당하는 사람에게 돈을 주고 전기를 사기도 했다는 증언도 있었다.

여기에서 잠깐 이러한 의문도 들 것 같다. 즉, 북한의 전력 사정이 안 좋고 굶어죽는 사람도 많다고 하는데 어떻게 CD나 DVD 플레이어를 소유하고 남한 영상매체를 시청할 수 있는가에 대한 의문이다. 우리 역시 처음에 면접참여자들이 CD나 DVD 플레이어를 소유하고 남한 영상매체를 시청했다는 사실에 의아함을 감출 수 없었다.

그런데 영상 기기를 소유했던 사람들은 대부분 장사나 밀수로 돈을 벌었고 시장에서 돈만 있으면 이러한 물건을 구입하는 데 그다지 어려움이 없었다고 한다. 또한 남한에 있는 가족이나 친척이 보내준 돈으로 구입했다는 점도 주목할 만한 특징이라 할 수 있다. 아울러 자기 집에 이러한 영상 기기가 없는 경우에는 주위의 다른 집에 가서 함께 시청했다고 한다. 저녁 시간에 영상매체가 있는 집에 모여 신발을 감추고 모포로 창문을 모두 가린 채 몰래 시청했다는 것이다.

그림 1-3. 북한에서 소유했던 영상 기기

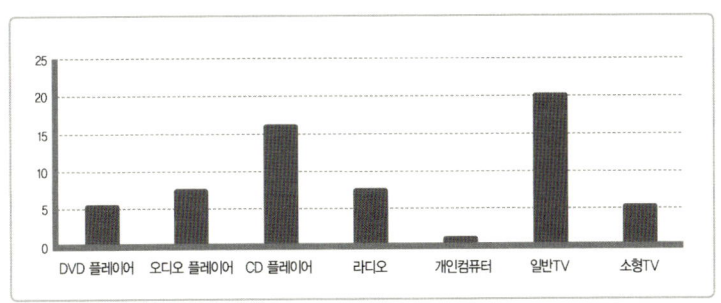

― 가장 기억에 남는 영화나 드라마는?

우리는 면접참여자들에게 북한에서 시청한 남한 영상매체 중 가장 기억에 남는 영화와 드라마 제목이 무엇인지 질문했다. 한 번이라도 본 적이 있거나 기억에 남는 제목들은 모두 나열하도록 했다.

면접참여자들은 드라마와 영화 제목을 또렷이 기억하고 있었고, 줄거리는 물론 자신들이 좋아하는 배우들의 이름을 기억하기도 했다. 면접참여자들의 경우 영화는 <장군의 아들>과 <올가미>, 드라마는 <가을동화>, <천국의 계단> 등을 가장 많이 본 것으로 조사됐다.

― 표 1-3. 면접참여자들이 북한에서 시청한 남한 영상매체 목록

제 목	장 르	제 목	장 르
장군의 아들	영화	귀공자	드라마
올가미	영화	100만 송이 장미	드라마
조폭 마누라	영화	쾌걸춘향	드라마
공공의 적	영화	내 이름은 김삼순	드라마
화려한 휴가	영화	꽃보다 남자	드라마
키스도 못 하는 남자	영화	환상의 커플	드라마
아래층 여자, 위층 남자	영화	제5공화국	드라마
풀잎사랑	영화	형수님은 열아홉	드라마
투캅스	영화	보고 또 보고	드라마
깡패	영화	별난 남자 별난 여자	드라마
결혼은 미친 짓이다	영화	열아홉 순정	드라마
쉬리	영화	하늘만큼 땅만큼	드라마
미녀는 괴로워	영화	히트	드라마
어린 신부	영화	주몽	드라마
깡패수업	영화	대조영	드라마
변강쇠	영화	아이리스	드라마
무사	영화	호텔리어	드라마
가위	영화	마이걸	드라마
가을동화	드라마	조강지처 클럽	드라마
천국의 계단	드라마	개와 늑대의 시간	드라마
올인	드라마	그대 그리고 나	드라마
겨울연가	드라마	장밋빛 인생	드라마
첫 사랑	드라마	유리 구두	드라마
인어 아가씨	드라마	바람불어좋은날	드라마
낭랑 18세	드라마	욕망의 바다	드라마
유리 구두	드라마	오필승, 봉순영	드라마
풀하우스	드라마	남자 이야기	드라마
목욕탕집 남자들	드라마	진실	드라마
귀여운 여인	드라마	사랑이 뭐길래	드라마
노란 손수건	드라마	여자만세	드라마
야인시대	드라마	카인과 아벨	드라마
대장금	드라마	눈물이 보일까봐	드라마
옛날의 금잔디	드라마	인간극장	다큐멘터리

제목	장르	제목	장르
바람은 불어도	드라마	명랑소녀	버라이어티
연인	드라마	해피선데이	버라이어티
달빛가족	드라마	전국 노래자랑	버라이어티
죽일 놈의 사랑	드라마	순풍산부인과	시트콤

가장 기억에 남는 배우나 가수는?

우리는 면접참여자들에게 북한에 있을 때 이름을 들어본 남한 배우나 가수가 있는가라는 질문을 했다. 응답 빈도와 상관없이 면접참여자들에게서 한 번이라도 언급된 남한 배우와 가수의 이름을 나열하면 다음과 같다.

— 표 1-4. 면접참여자들이 기억하는 남한 배우나 가수 목록

구분	이름	구분	배우
가수	김연자	배우	최수종
	태진아		송 해
	송대관		최지우
	나훈아		배용준
	주현미		이병헌
	설운도		송혜교
	현 철		장동건
	김난영		이영애
	핑 클		이다해
	H.O.T		권상우
	이효리		고현정
	심수봉		신은경
	조용필		강호동

제 2 장

남한 영상매체의 북한 유통 구조

남한 영상매체는 북한에서 어떻게 확산되고 있을까?

남한 영상매체는 북한에서 어떻게 확산되고 있을까? 이 책에서는 남한 영상매체 확산과정을 '지역간', '대인간'에 형성된 유통망에 주목한다. '지역간', '대인간' 유통망을 통해 북·중 국경 지역에서부터 북한 내륙 지역까지 확산되는 남한 영상매체의 이동경로를 따라가 보자.

1. 지역간 유통 구조: 북·중 국경 지역부터 북한 내륙 전역까지

북한 전역에 걸친 남한 방송 시청

그동안 북·중 접경지역, 특히 함경북도 지역은 다른 지역에 비해 중국으로 왕래가 용이하다는 점에서 남한 영상매체의 유통과 시청이 많이 이뤄졌다. 이 지역의 경우 일반 텔레비전을 통해서도 남한 방송이 수신된다는 점은 기존 연구나 탈북자 증언을 통해서 밝혀진 사실이다. 2000년 이후 국경 지역 주민 다수가 남한 방송을 시청했다고 볼 수 있다.

이는 1990년대 고난의 행군기에 당국의 통제 이완과 사회적 일탈[9]의 증가로 인해 중국으로 오가는 것이 수월해지면서 남한 영상매체가 대량으로 유입됐기 때문이다.

그런데 본 연구 결과 남한 영상매체 전파가 확산되면서 북·중

국경 지역은 물론 북한 내륙 전역에 걸쳐 광범위하게 유통되는 것으로 확인됐다. 함경북도, 양강도, 자강도 등 북·중 접경지역은 물론 평양, 평안도, 강원도, 황해도 등 내륙('안쪽')을 포함하는 북한 전역에서 남한 영상매체를 시청하는 것으로 조사됐다. 또한 남한 영상매체의 유통뿐만 아니라 남한 방송이 직접 수신되는 지역도 여러 군데 나타났다.

─ 24시간 남한 방송이 수신되는 고성 지역

「면접참여자 19」의 경우, 강원도 고성에 있는 동생 집에 갔을 때 남한 방송이 직접 수신돼 남한 드라마를 보았다고 한다. 북한 당국에서 땜질로 채널을 고정해 놓은 텔레비전 외에 다른 텔레비전을 감춰놓고 보았는데 고성 지역의 경우 24시간 남한 방송이 수신됐다고 한다.

또한 사리원에서도 남한 방송이 수신됐는데, 여기에서는 대략 새벽 2시부터 새벽 4시까지 수신이 됐다고 증언하고 있다. 「면접참여자 20」의 경우도 장사를 위해 청진, 함흥, 온성에 갔는데 그 지역에서 남한 방송이 직접 수신돼 남한 드라마를 시청했다고 한다.

> 강원도 고성에 동생이 있어 갔는데 남한 방송이 직접 잡혔다. 땜질로 채널을 고정해 놓기 때문에 리모컨으로 조정해서 보았다. 채널을 고정하지 않은 다른 텔레비전을 감춰놓고 보기도 하는데, 고성 지역은 24시간 남한 방송이 잡히는 것으로 안다(면접참여자 19).

「면접참여자 12」도 함흥에서 리모컨으로 채널을 조정해 남한 드라마를 시청했다고 한다. 또 원산에서도 남한 방송을 봤는데 청진, 함흥과 황해도 바닷가 지역은 대부분 남한 방송이 수신되는 것으로 안다고 증언했다. 「면접참여자 28」 역시 남포에서 남한 방송이 잘 잡혔다며, 황해남도 지역은 거의 다 잡히는 것으로 안다고 응답했다.

— 평양 주민, 2002년 월드컵을 시청하다

북한 전역에 걸쳐 남한 영상매체 시청이 이뤄진다는 점도 의미가 있지만 북한 체제의 성격을 고려할 때 평양에서 남한 영상매체를 시청한다는 것은 더더욱 의미가 있다. 특히 평양의 경우 일반 텔레비전이나 녹화기가 아닌 컴퓨터를 통해서도 남한 영상매체를 시청하는 것으로 조사됐다. 평양은 다른 지역에 비해 컴퓨터를 가진 사람이 많았는데 외장 하드나 USB에 영상물을 담아 와 시청했다고 한다.

「면접참여자 28」은 어릴 때 일본 조총련계 학교를 다니다 부모를 따라 일본에서 건너온 북송 교포다. 일반 주민보다 외부 정보 접촉에 좀 더 자유로울 수 있었다는 점에서 다른 사람에게서 영상물을 외장 하드에 내려 받아 보았다고 한다.

2002년 월드컵을 평양에서 봤다. 컴퓨터 외장 하드를 갖고 가면 15달러를 주고 다운을 받을 수 있었다. 내가 나오기(탈북) 직전에는 USB가 대중화되기도 했다. 북송 교포였기 때문에 우리끼리 돌려 보는 경우가 많았다. 둘째 아들이 김일성종합대학에 다녔는데 주변 학생들이 노트북이나 USB로 남한 영상물을 공개적으로 즐기고 있다고 했다(면접참여자 28).

한편, 남한 방송이 직접 수신돼 남한 영상매체를 본 지역과, 드라마나 영화 CD, DVD 등을 통한 시청 지역을 그림으로 표시하면 <그림 2-1>과 같다.

― 그림 2-1. 남한 영상매체 시청 지역

친지 방문이나 장사를 통한 지역간 이동

탈북하기 직전까지 자신의 거주지를 벗어나 다른 지역으로 이동해 남한 영상매체를 시청하거나 전달해 준 사례도 많이 있었다. 이는 당국의 통제가 이완된 상황에서 친지 방문이나 장사를 목적으로 지역간 자유 이동이 가능해지면서 남한 영상매체 유통이 확산됐기 때문으로 볼 수 있다.

▬ 같이 장사를 하던 동료의 언니 집에서

「면접참여자 15」의 경우 양강도 삼수군에 거주했는데 김책시에 있는 언니네 집을 방문했을 때 남한 드라마를 함께 시청했다고 한다. 또한 같이 장사를 하던 동료가 자기 언니 집에 가자고 해서 갔는데, 거기(함흥)에서 CD를 통해 남한 드라마를 접했다고 한다. 남한 드라마가 너무 재미있어서 3일 동안 잠도 안 자고 보고 또 보았다고 한다.

> 같이 장사하는 동료의 언니네 집이 함흥이었는데 거기에서 남한 드라마를 보았다. 그 집에서는 시간당 돈을 주고 빌려보고 있었다. 거기에서 <겨울연가>를 보았는데 너무 재미있어서 3일 연속을 잠도 자지 않고 보았다. 다음 편은 어떻게 될까 하는 마음에서… 한국 드라마는 다음 편을 기대하며 기다리게 한다 (면접참여자 15).

「면접참여자 17」의 경우 함경북도 경원군에 거주했는데 2006년 나진에 장사를 갔다가 거기에서 <남자의 향기>라는 드라마를 CD로 봤다고 한다. 또한 2008년에는 원산에 있는 언니네 집을 방문했는데 거기에서도 다른 사람들이 CD로 남한 드라마를 보는 것을 목격했다고 한다. 「면접참여자 21」의 경우도 장사를 하러 신의주에 갔다가 같이 장사를 하는 사람의 집에서 남한 드라마를 함께 보았다고 한다.

― 남한 영상매체 확산의 중간 기착지

혜산, 나진을 비롯한 국경 도시의 경우 중국에서 들어온 남한 영상매체를 북한 전역으로 유통하는 중간 기착지 역할을 하고 있다고 볼 수 있다. 이는 주로 혜산에서 평양, 순천, 김책, 함흥, 원산, 신포, 청진 등지로 상인들이 이동하며 영상매체를 유통시키고 있으며, 물건을 구입하기 위해 다른 지역에서 혜산으로 온다는 증언에서도 확인할 수 있다.

「면접참여자 8」은 혜산에서 물건을 구입해 다른 지역에 가서 이윤을 남기고 판매를 한 사례이다.

> 녹화기와 남한 드라마 CD를 혜산이나 나진에 가서 구입해 다른 지역에 가서 이윤을 붙여 팔았다. 혜산 장마당의 경우 청진에서 사러 오는 사람들이 있다. 혜산은 무역을 하면서 개방이 돼 상점에서도 쉽게 구입할 수 있다(면접참여자 8).

면접참여자 중 장사나 친지 방문을 통해 본인이 거주지에서 다른 지역으로 이동해 남한 방송을 시청하거나 다른 사람에게 영상매체를 전달해 준 경로를 도식화하면 다음의 <그림 2-2>와 같다.

— 그림 2-2. 남한 영상매체의 지역간 확산 경로

2. 대인간 유통 구조: 시장을 통한 거래와 돌려 보기

가. 시장을 통한 거래

시장을 통한 거래 부분은 판매자와 소비자로 구분하고, 이를 다시 하드웨어(녹화기, 재생기)와 소프트웨어(DVD, CDR 등)로 나눠 살펴본다.

판매자의 입장에서:
하드웨어(녹화기, 재생기)의 판매 및 유통 과정

— 남한 영상매체 시청을 위한 녹화기와 수상기의 거래

북한에서는 1980년대 말부터 식량 공급이 불규칙해졌고 1990년대에 들어서 배급이 간헐적으로 중단됐으며, 1994-95년경에 이르면 배급이 거의 중단되고 아사자도 속출했다. 식량난으로 인한 배급제의 마비는 주민들로 하여금 새로운 의사결정 구조를 선택하게 만들었다.[10] 당국의 국가공급제가 무너지자 배급제에 매여 살던 주민들이 장마당에 모여들었고 닥치는 대로 장사에 뛰어들었다. 이렇게 확대되기 시작한 장마당에 각종 상인들이 등장했고, 기업소의 생산자재도 장마당에 들어갔으며 구입 또한 장마당에 의존하게 됐다.[11]

면접참여자들의 증언에 따르면 시장에서는 돈만 있으면 무엇이든 구할 수 있을 정도로 다양한 품목이 거래됐다고 한다. 이 중에서 남한 영상매체 시청을 위한 녹화기나 수상기도 활발히 거래됐다. 특히 수상기의 경우 일부 산간 지역에 거주하는 주민들을 제외하고 응답자 대부분이 소유했던 것으로 조사됐다.

— 전문적 상인, 대거리

녹화기나 수상기는 장마당에서 공개적으로 거래가 이뤄지는데 이를 전문적으로 파는 상인들이 있다. 청진이나 나진, 혜산 등 국경 무역을 하는 곳에서 상품을 구입해 다른 지역에 가서 웃돈을 받고 판매하는데, 혜산이나 수남 장마당 등에서 비교적 다른 지역보다 싼 가격에 구입할 수 있어 이윤을 많이 남길 수 있다고 한다. 이러한 유동 장사는 화폐를 매개로 한 거래가 증대되고 공간이 확대됨에 따라 지역간 가격차를 이용해 현지에서 물품을 산 다음 타 지역으로 이동해 비싸게 팔아 넘겨 차액을 남기는 '대거리'의 형태로 발전했다.[12]

> 녹화기가 하루에 몇 백 개씩 나가는데 CDR을 덤으로 주기도 한다. 혜산에서 녹화기가 나가는데 원산이나 다른 곳에 가면 더 비싸다. 장사꾼이 와서 통째로 사 가는데 그때 CDR도 같이 나간다 (면접참여자 18).

녹화기의 경우 대부분 중국산이 거래되는데 한국산 제품의 경우 상표를 떼거나 중국 상표를 대신 붙여서 판매하는 경우도 있다고 한다. 한국산의 경우 다른 제품에 비해 1.5~2배 정도 더 비싼데도 시장에서는 남한 제품을 더 선호한다고 한다. 또한 한국산 제품인 줄 몰랐는데 남한에 입국해서 보니 그 브랜드가 한국산이었다는 것을 알게 된 경우도 있었다.

— '통고(몽땅)'로 넘기는 녹화기 밀수

그렇다면 녹화기는 국경 지역에서 어떻게 북한 내부로 유입될까? 「면접참여자 18」의 경우 탈북하기 직전인 2007년까지 북한에서 녹화기 밀수를 했다고 한다.

밀수 과정을 구체적으로 살펴보면, 먼저 중국으로 건너가 중국 대방에게 물건을 사는데 중국에서 잘 팔리지 않는 재고품을 구입하고 중국 대방에게 물건을 맡겨 놓는다. 이 때 중국에서 3만원 정도 거래되는 상품이라면 1만원을 더 주고 4만원에 구입한다. 이는 물건을 맡아주고 보내주는 수고비를 감안한 것이라 한다. 중국 대방은 물건을 ○○세관을 통해 보내고 응답자가 ○○세관에 나가서 물건을 찾는 과정을 거친다. 물건을 찾으면서 세관에 돈을 지불하는데, 북한 측 세관에 2,000원, 중국 측 세관에 8,000원 정도를 주었다고 한다.

이러한 과정을 거쳐 넘어온 물건을 ○○시장에 가서 상인에게 '통고'(몽땅)로 넘겨준다. 이 때 가격은 68,000원 정도로 세관비와 수고비를 제외하고 1대당 18,000원 정도의 이윤을 남긴다고 한다. 이러한 물품은 한 번에 들어올 때 50-60대씩 들어오기 때문에 한 번 밀수를 할 때마다 대략 100만원 정도의 이윤을 남기는데, 이같은 밀수는 한 달에 두 번 정도 이뤄졌다고 한다.

**판매자의 입장에서:
소프트웨어(DVD·CDR)의 밀수 및 유통 과정**

하드웨어(수상기, 녹화기)의 판매와 유통은 자연히 소프트웨어의 유통을 매개로 이뤄진다. 2007년의 경우 북한에는 300여 개의 종합시장이 있었는데, 평양, 평성, 청진, 함흥, 원산, 신의주 같은 대도시의 시장에는 암거래상이 수백 장에서 수천 장의 VCD(비디오 콤팩트디스크)를 가진 경우도 있다고 한다.[13] 이같이 대량으로 판매하는 상인들은 물건을 주로 화교, 간부, 외화벌이 상인들을 통해 구입한다.

소프트웨어 판매 및 유통 경로에 대한 구체적인 내용은 탈북하기 직전까지 CDR 밀수를 직접 했던 「면접참여자 8」의 사례를 통해 자세히 알아보자.

― 큰돈을 벌 수 있는 CDR 밀수

「면접참여자 8」은 계절에 따라 각기 다른 품목을 취급했는데 시기에 따라 약초나 딸보(금·은·동을 일컬음)를 밀수했다. 그런데 약초가 사계절 나오는 것이 아니며, 북한에서 상인들의 경우 업종 제한이 없기 때문에 계절에 따라 취급하는 품목도 달랐다고 한다. 북한에서도 역시 수요와 공급에 의해 가격이 결정되고 주력 품목도 달라지는데, 「면접참여자 8」이 CDR 밀수를 시작하게 된 계기는 약초에 비해 부피가 작아 쉽게 운반할 수 있으며 무엇보다 수요가 많아 큰돈을 벌 수 있었기 때문이라고 한다.

중국 사람들에게 약초 장사도 하고, 딸보(금, 은, 동)를 밀수했다. 약초가 매일 나오는 것이 아니기 때문에 그것이 없으면 다른 것을 밀수해서 돈을 벌었다. CDR은 시기와 상관없고 무엇보다 큰돈을 벌 수 있는 품목이었다. CDR이 장사가 되면 중국에 전화를 해서 구해 달라고 요청했다. 100개, 200개 가져야만 수지가 맞았다(면접참여자 8).

— 간부의 아내와의 만남

북한에서 밀수를 통해 들여온 물건은 일명 '뒷배경이 있는' 간부들과 함께 조직적으로 움직이는 것으로 조사됐다. 이는 북한에서 직접 생산되는 물건이 없는데도 불구하고 간부들은 안전한 '뒷배경'이 있어서 물건을 마음대로 소유할 수 있기 때문이라 한다.

「면접참여자 8」의 경우도 도 보위부 간부의 아내와 조직적으로 연계해 밀수를 했다. 「면접참여자 8」이 중국에서 북한까지 물건을 운반하는 역할을 하고 CDR 1개당 50원에서 100원 정도의 이윤을 남기고 퉁고(몽땅)로 넘겨주면, 이후 판매는 보위부 간부의 아내가 담당했다고 한다.

그렇다면 「면접참여자 8」은 어떻게 간부의 아내와 손을 잡고 밀수를 같이 할 수 있었을까. 이 두 사람이 처음 만났을 때로 거슬러 올라가보자.

「면접참여자 8」은 21살 때 남한 드라마 <천국의 계단>을 처음으로 보았다. 이 드라마를 시청한 곳이 바로 현재 함께 밀수를 하고 있는 도 보위부 간부의 아내 집이었다. 당시에 「면접참여자 8」은 동을 밀수하는 일을 했는데 얼또꾼(물건은 없고 중개만 하는 사람)이 지금의 간부의 아내를 소개해 주었다고 한다. 간부의 아내는 밀수를 하고 있었는데 실제로 운반이나 거래를 대신할 수 있는 사람이 필요했던 것이다. 「면접참여자 8」은 그 집에서 한 시간 정도 남한 드라마를 시청했는데 드라마에 나오는 노래가 너무 좋았다고 한다. 그때부터 남한 드라마에 푹 빠지게 됐다는 것이다.

> 드라마에 나오는 노래가 너무 좋아 가슴을 적셨다. 정말 너무 좋았다. 저게 뭐냐고 물어보니까 한국 드라마라고 했다. 그때부터 내가 저것을 봐야 되겠다고 생각했다. CDR을 빌려 달라고 했는데 빌려주지는 않았다. 중국 대방에게 <천국의 계단> 드라마 CD를 보내 달라고 부탁했다(면접참여자 8).

— 간부 아내의 지시에서 시작하는 은밀한 거래

CDR 밀수의 시작은 먼저 도 보위부 간부의 아내가 물건 구입을 지시하는 것부터 시작된다. 도 보위부 간부의 아내는 남한 방송을 직접 시청하면서 남한에서 유행하는 인기 드라마나 영화, 남한 정세, 환율 등에 대해 상세히 알고 있다고 한다. 심지어 중국 대방에게 물건을 요청하면 중국 대방은 '자신들도 모르는 영화를 어떻게 알고 있느냐'고 할 정도였다고 한다.

> 도 보위부 간부 아내가 영화나 드라마 제목을 나에게 알려주고 그것을 가져오라고 시킨다. 나도 그런 영화가 있는지 잘 모른다. 중국 대방에게 전화하면 "우리도 모르는데 너희는 어떻게 아느냐" 할 정도였다. 도 보위부 간부 아내는 집에서 남한 방송을 직접 보았다. 잘 사는 사람들이 혼자 김정일을 받드는 것처럼 하는데 서민들은 억울하다(면접참여자 8).

도 보위부 간부의 아내가 「면접참여자 8」에게 드라마나 영화 제목을 지정해 구입을 지시하면 「면접참여자 8」은 중국에 있는 대방에게 물건을 구입한다.

한 가지 주목할 점은 「면접참여자 8」과 같은 밀수꾼이 혼자만 있는 것이 아니라 수십 명이 국경 지방에 있는데, 만약 그 마을에 1,000세대가 산다면, 300세대는 장사를 하고 700세대는 다 밀수를 할 정도라고 한다. 이들 밀수꾼들은 모두 자신의 연줄을 갖고 있는데, 상대적으로 이들과 접촉하는 중국 대방(도매상)은 수가 적기 때문에 같은 중국 대방과 거래하는 경우도 있으며, 만약 돈벌이가 된다고 하면 하룻밤에 몇 천 개의 CDR이 넘어오는 경우도 있다고 한다.

▬ 뇌물을 통한 매수: 경비대-적위대-순찰대

밀수는 북·중 국경선을 경계로 '앞선'과 '뒷선'으로 구분된다. 먼저 앞선은 국경을 지키는 경비대들로 1개 소대가 30명 정도 되는데 그 중에 계급이 높은 사람을 뇌물로 매수해 일명 '카바꾼'으로 연결하고 있다. 밀수꾼의 수는 많은데 중국 대방과 카바꾼은 소수이기 때문에 같은 대방과 같은 카바꾼일 경우 동일한 시간에 동일한 물건이 들어오기도 하며 대부분 카바꾼이 물건을 들어오는 시간을 조정해 준다고 한다.

> 중국에는 몇 집만 대방 역할을 하는데, 북한은 수많은 집이 밀수를 하기 때문에 서로 무엇을 밀수했는지 다 알고 있다. 북한 경비대 군인들은 한 개 소대가 30명인데 이 중에서 제일 높은 사람을 카바꾼으로 끌려고 한다. 만약 '내가 ○○○분대장이 우리 집 카바꾼이야' 하면 내 친구도 '나도 그 분대장을 카바꾼으로 쓰는데…' 하는 경우도 있었다. 만약 같은 중국 대방과 분대장을 끼고 일을 하면 동일한 시간에 물건이 국경을 넘는다. 카바꾼이 시간을 조정하고 결정해 주기 때문이다(면접참여자 8).

다음으로 중국 접경을 벗어나 물건을 집까지 가지고 오는 '뒷선'의 경우를 살펴보면, 가장 먼저 접하게 되는 것이 적위대이다. 일명 '치안대'로 남한으로 치면 지구대와 같은 역할을 한다. 이들은 직장에서 일을 잘 하는 사람들을 별도로 선발해 구성된다고 한다. 적위대를 지나면 이후 순찰대를 만나게 되는데 순찰대는 시 보안소에서 운영한다. 「면접참여자 8」은 순찰대에게 짐 한 짝 당 2,000원 정도의 뇌물을 주고 본인의 집 근처만 봐 달라고 미리 약속을 한다. 이들에게는 평소 주는 뇌물뿐만 아니라 명절 때는 특별히 고급술을 선물하는 등 관리를 했다고 한다.

― 연줄을 통한 타지역으로의 거래

이같이 앞선과 뒷선을 거쳐 「면접참여자 8」의 집까지 물건을 가지고 오면 도 보위부 간부의 아내가 차량을 보내주고 이를 통해 운반을 한다. 이러한 과정을 거쳐 「면접참여자 8」은 초소비와 순찰대비 등의 뇌물을 제하면 하룻밤에 약 8-10만원 정도 수입을 얻었다고 한다.

이후 도 보위부 간부의 아내는 「면접참여자 8」에게서 물건을 통째로 넘겨받아 이를 다른 도 지역이나 평양에 있는 간부의 아내들에게 판매한다. 이 과정에는 주로 도 보위부 간부 아내의 친지들이 포함돼 있다.

이는 비공식적 연결망 자원, 특히 혈연적 연결망 자원이 강력할 수록 사적 부문의 시장경제활동을 통해 개인 자산을 증식해 경제적 상층부에 진입하기가 더 쉽다는 점을 보여준다.[14]

주목할 점은 자신이 거주하는 해당 지역에서는 절대 판매를 하지 않고, 연줄을 통해 다른 도 지역, 특히 평양에 많이 판매를 한다는 사실이다. 또한 일반 주민들에게는 일체 판매하지 않고 검찰과 지도원 비서 아내 등 주로 간부들에게만 물건을 판매한다.

「면접참여자 8」이 CDR 한 개를 대략 150원 정도 원가를 들여서 간부의 아내에게 300원 정도에 판매하면, 간부의 아내는 다른 지역에 연줄이 닿아 있는 판매책에게 700원 정도로 흥정해 거래를 한다. 이러한 과정을 거쳐 최종적으로 평양까지 이르게 되면 1000원 정도 가격으로 거래된다고 증언한다.

> 도 보위부 간부의 아내가 내 물건을 가지고 가면 함경북도나 평양에 있는 간부 아내들에게 판매를 한다. 이들은 자기들끼리 다 선이 닿아 있다. 절대 우리 지역에서는 안 팔고, 다른 도, 특히 평양에 많이 판매한다. 간부의 아내는 우리 지역에서 팔다가 걸리면 남편이 별 떨어진다는 이야기를 자주했다(면접참여자 8).

이상에서 살펴본 남한 CDR의 밀수 과정을 도식화하면 다음의 <그림 2-3>과 같다.

— 그림 2-3. 북한에서 남한 CDR의 밀수 및 유통 경로

소비자의 입장에서:
하드웨어(녹화기, 수상기) 구매 및 대여 과정

북한주민은 하드웨어(녹화기, 수상기)를 장마당의 중기매대에서 구입한다. 장마당에 가면 상인들이 매대에 진열해 놓고 구입을 권유하거나 자신의 집으로 데리고 가서 거래를 한다. 녹화기의 경우 북한 당국이 규제하는 품목이 아니기 때문에 장마당에서 자유롭게 거래된다고 한다. 「면접참여자 4」는 2005-6년경 쌀 1킬로그램 가격이 1,500원 정도 할 때 25만원을 주고 수상기를 구입했다고 한다. 구입할 때 브랜드는 몰랐지만 그 제품이 한국산이라는 것은 알았다고 한다. 「면접참여자 4」는 자신이 탈북할 때 그 수상기를 그냥 버리기 아까워서 친척에게 주고 왔다고 한다.

> 회령 장마당에서 공업품 장사를 하는 여자가 화교들과 친했는데 그 여자가 녹화기 좋은 게 있는데 사라고 하면서 집에 데리고 갔다. 그 집 신랑이 전자제품 수리하는 사람이었는데 7대 정도를 갖고 있었다. 리모컨을 켜면 파란 화면에 LG라고 나왔는데, 그때는 LG라는 브랜드는 모르고 그냥 한국 제품이라는 것만 알았다 (면접참여자 4).

― 구입비용은 어떻게 마련할까? 쌀을 팔아 남긴 이윤으로…

우리는 면접참여자들에게 자신들이 소유했던 영상 기기를 어떻게 구입했는지 질문했다. 고가의 녹화기나 수상기를 구입하기 위한 비용을 어떻게 마련했는가에 대한 의문이었다. 대부분의 면접참여자는 장사를 해서 돈을 모았다고 응답했다. 이 가운데는 쌀을 사놨다가 가격이 오를 때 판매해 남긴 이윤으로 녹화기를 구매한 사례도 있었다.

「면접참여자 17」의 경우 쌀 1킬로그램 가격이 1,000원일 때 13만원을 주고 CDR 녹화기를 구입했는데, 이 돈은 쌀 150킬로그램을 팔아서 마련한 것이라 한다. 쌀을 많이 가지고 있어야 돈이 된다는 생각에 가을에 쌀을 사 두었다가 4, 5, 6월에 판매를 하는 방식이었다. 당국이 쌀 배급을 일체 하지 않기 때문에 지하에 콘크리트 땅굴을 만들어 보관했다고 한다. 또한 쌀을 직접 구입하는 경우도 있으나, 분조장들과 결탁해 일명 '오마까시'(사람의 눈을 피해 국가의 공동재산을 도둑질하는 것을 일컫는 말)를 통해 쌀을 한 해, 두 해 모으기도 한다고 증언한다.

> 쌀을 많이 가지고 있어야 돈이 된다. 쌀값이 올라가면 팔고 '되거리'로 장사했다. 가을에 쌀을 사 두었다가 4, 5, 6월에 파는 방법이었다. 쌀 배급은 일체 없으니까 콘크리트로 지하 땅굴을 만들어 쏟아 넣었다가 꺼내어 팔았다. 도둑질을 못하고 당만 바라보는 사람들은 다 굶어죽는다. 고지식하게 국가에서만 주는 것만 바라는 사람은 죽는다(면접참여자 17).

― 나진에 가서 직접 구매해 온 경우

「면접참여자 17」은 나진에 가서 직접 녹화기와 수상기를 사 왔다고 한다. 청진이나 나진 등을 다니면서 장사하는 사람이 있었지만 더 싼 가격에 구입하기 위해 본인이 나진에 가서 직접 구입해 왔다는 것이다. 수상기는 한국산으로 표시된 상표를 떼고 대신 중국 상표를 붙인다고 한다. 일본산 제품은 공식적으로 판매를 할 수 있는데 수상기는 일본산이, 녹화기는 중국산이 많이 거래된다. 「면접참여자 17」은 2006년 당시 쌀 1킬로그램 가격을 800-900원 정도로 기억하고 있는데, 수상기는 30만원, 녹화기는 12만원 정도에 구입했다고 한다.

— 다른 사람에게 구매를 부탁하는 경우

다른 지역에 직접 가서 사는 경우 외에 주변 사람에게 부탁해 다른 지역에서 구매하는 경우도 있었다. 「면접참여자 12」는 혜산에 다녀오는 다른 사람에게 구입을 부탁했는데, 같은 물건이라도 자기가 살고 있는 길주에서 사려면 더 비싸서 부탁을 했다고 한다.

> 12만원을 주고 혜산에 다녀오는 사람에게 부탁을 해서 구입했다. 혜산 지방이 대체로 가격이 싸다. 같은 물건을 길주에서 사려면 15만원 정도 줘야 했다(면접참여자 12).

한편, 우리는 면접참여자들에게 북한 장마당에서 거래되는 녹화기와 수상기의 가격에 대한 질문을 했다. 가격 비교를 위해 당시 쌀1킬로그램 가격을 함께 질문했는데, 가격은 지역과 시기에 따라 많은 차이가 있었다. 그러나 평균적으로 DVD플레이어의 경우 중국산은 15만원 선에서 거래되고 있으며, 한국산 제품의 경우 이보다 1.5배 정도 비싼 가격에 거래되고 있는 것으로 나타났다. 북한 장마당에서 거래되는 녹화기와 수상기의 가격은 다음의 <표 2-1>과 같다.

표 2-1. 북한 장마당의 하드웨어(녹화기, 수상기 등) 거래 가격 현황

지역	연도	품목	구입가격	쌀 가격(1킬로그램)
온성	2007년	CD 플레이어	10만원	
회령	2005년	DVD 플레이어(한국산 LG)	25만원	1,500원
무산	2007년	TV(수상기)	25만원	
경원	2008년	DVD 플레이어	20만원	2,500원
나진	2006년	CD 플레이어	12만원	800~900원
혜산	2003년	CD 플레이어	4만원	
	2005년	CD 플레이어	3만원	500원
	2007년	CD 플레이어	11만원	
	2007년	DVD 플레이어	6만원	1,000원
	2008년	CD 플레이어	10만원	2,000원
길주	2007년	DVD 플레이어	15만원	

― 구입한 녹화기는 보안소에 가서 등록

구입한 녹화기는 해당 보안소에 가서 등록을 해야 한다. 만약 등록을 하지 않으면 검열시 회수를 당할 수도 있다. 이 때문에 다른 사람이 등록한 것을 가짜로 만들어 와서 등록증을 붙여 놓기도 한다고 한다.

특이한 것은 전기 공급이 중단됐을 경우 녹화기 안에 들어있던 소프트웨어가 자동으로 배출되는 녹화기는 등록승인을 해 주지 않는다고 한다. 이는 검열 시 남한 영상매체 등을 숨길 수 있는 여지가 있기 때문에 사전에 차단하기 위한 것이라고 한다.

실제로 단속이 이뤄지는 과정을 보면 단속할 때 단속원은 제일 먼저 아파트 전체의 전원 스위치를 내려버린다고 한다. 이렇게 갑자기 전기가 나가게 되면 재생기 안에 들어 있던 내용물을 꺼낼 수 없게 된다. 그러나 자동 배출 기능이 있는 녹화기라면 이 단속을 피해 갈 수 있는 것이다.

― 녹화기를 대여하는 경우

구입 외에 대여를 하는 경우도 있다. 자기 집에 녹화기가 없을 경우 주변에서 녹화기와 CD를 대여해 남한 영상매체를 시청하기도 했다. 「면접참여자 14」의 경우 1만원을 주고 녹화기를 빌렸는데, 대여자는 친척이 보던 것을 자신이 빌려와서 「면접참여자 14」에게 다시 대여해 주었다고 한다.

> 우리 집에는 녹화기가 없었기 때문에 녹화기 기계까지 빌려서 남한 드라마를 보았다. 그때 1만원 정도 준 것 같다. 빌려주는 사람은 자신의 친척들이 보는 것을 빌려와서 다시 나에게 돈을 받고 빌려주었다(면접참여자 14).

소비자의 입장에서: 소프트웨어 구매 및 대여 과정

북한주민이 남한 영상물 소프트웨어를 구입하는 과정은 해당 지역의 장마당을 통해 은밀하게 판매를 하는 상인들을 통해서 이뤄진다. 장마당에 CDR이나 DVD를 파는 장사꾼이 있는데 매대에는 북한 것만 진열해 놓고, '아랫동네에서 온 것 있느냐'고 물어보면 상품이 있는 곳으로 데리고 가서 은밀히 물건을 건네준다고 한다.

드라마는 여러 편으로 나뉘어 있기 때문에 10개에 3만원 정도 하는데, 대개 한 알(북한에서 CDR이나 DVD를 지칭하는 용어)당 3,000원 정도의 가격에 거래된다. 최근 드라마일 경우 비싼 것은 드라마 한 편(CDR 10매 정도)에 10만원에 거래되는 것도 있다고 한다.

만약 매대가 없을 경우 메뚜기장[15]에서 밀수품을 구입하거나 화교들이 파는 것을 아는 사람들이 중계해서 구입하는데 이 경우 중계비를 주었다고 한다.

— 혁명 유적지 혜산, 남한 영상매체 구입처가 되다

남한 영상매체 구입과 관련해 한 가지 특이한 사례는 ○○에서 대학생들이 혜산으로 혁명 전적지 답사를 갔다가 구입해 온 경우이다. 「면접참여자 3」의 경우 ○○에서 대학교원으로 일할 때 학생들과 함께 혜산으로 혁명 전적지 답사를 갔다가 돌아오는 길에 학생들이 구입한 것을 목격했는데, 이는 여러 해 동안 공공연히 이뤄졌던 것이라고 한다.

학생들이 기념품을 사러 간다며 시장에 갔다. 북한의 안쪽 지방(남쪽 지역)사람들은 국경물을 먹지 못해 외부 정보를 잘 모른다. 신기하니까 기념품 사다가 전자제품, 시계, 양말, 액세서리 등을 사는데, 전기 분야를 전공하는 학생들은 전자제품 파는 데를 돌다가 상인들의 권유로 남한 영상매체를 구입하게 된다(면접참여자 3).

▬ CDR 중고 거래와 대여점 성행

판매 이외에 돈을 받고 전문적으로 대여해 주는 상인도 있는데, 전국적으로 이러한 대여점이 성업 중이라 한다. 대여료는 시기와 지역에 따라 다른데, 최근에는 한 알 당 대략 1,000-3,000원 정도 가격에 대여되며, 연체료도 있었다고 한다. 또한 본인이 5,000-10,000원에 산 CD를 3,000원에 다른 사람에게 되파는 중고 거래도 있었다.

▬ 지역과 종류에 따라 다른 가격

우리는 북한 장마당에서 거래되는 소프트웨어 가격을 구체적으로 조사하기 위해 면접참여자들에게 품목과 가격을 질문했다. 또한 가격 비교를 위해 당시 쌀 가격을 함께 질문했다. 그런데 면접참여자 중 일부는 오래 전 일이라 당시 쌀 가격이나 거래 가격을 정확히 기억하지 못하는 경우가 많았다.

— 표 2-2. 북한 장마당의 소프트웨어 거래 가격 현황

지역	연도	품목	가격 판매가	가격 대여가	쌀가격 (1킬로그램)
혜산	2000	성인 영화 CD	500원		140원
	2007	드라마 DVD	1,500원		
	2007	드라마 CD	1,000원		
회령	2007	드라마 CD		2,000-3,000원	1,500원
	2004	드라마 CD	1,000원		
함흥	2003	드라마 CD	1,000원		100원
평성	2007	드라마 CD		1,000원	
	2006	드라마 CD	2,500원		
길주	2008	성인영화CD	3만원		
사리원	2009	드라마 CD	3,000-10,000원		
삭주	2007	드라마 CD	3,000-10,000원		
	2008	드라마 CD	5,000원		

나. 돌려 보기를 통한 사회적 연결망: 가족, 친지, 이웃과 돌려 보기 그리고 네트워크

북한주민은 시장에서 구입하거나 또는 대여를 받아 입수한 남한 영상매체를 시청한 후 이를 가족, 친지, 동료와 함께 돌려 보았다. 우리는 북한주민 간에 외부 정보가 전파되는 과정의 유형을 살펴보기 위해, 북한에서 남한 영상매체를 시청한 후 다른 사람에게 전해준 적이 있는가, 만약 전해 주었다면 누구에게 어떻게 전해주었는가라는 질문을 했다. 이들의 응답을 분석하면 북한에서 일어나는 외부 정보 확산의 형태를 다음과 같이 3가지 유형으로 구분할 수 있다.

외부 정보의 단절: '나 홀로' 또는 '가족'만 시청한 경우

첫 번째 유형은 외부 정보의 단절로, 이는 나 홀로 또는 가족만 시청한 경우이다. 남한 영상매체를 시청하고 처벌에 대한 두려움으로 이웃은 물론 심지어 가족들에게도 전하지 않고 혼자만 시청한 경우이다. 무엇보다 남한 영상매체를 시청할 경우 당국의 가혹한 처벌이 있다는 것을 알기에 함부로 주변 이웃에게 전하지 못했다는 것이다.

이들은 주로 중국에 갔을 때 CDR을 구해오기는 하지만, 본인이나 가족들만 시청한 후 즉시 불에 태워 폐기해 버리는 경우다. 간혹 친구나 친지에게서 남한 영상매체를 받기도 하는데, 이 경우 다른 사람에게 전달하지 않고 증거물을 없애기 위해 본인만 보고 폐기해 버리는 경우도 있었다. 이같이 나 홀로 시청이나 가족끼리 보는 경우는 외부 정보가 더 확산되지 않고 단절돼 연계망이 형성되지 않는 특성이 있다.

> 나 혼자만 봤다. 심지어 가족에게도 말하지 않았다(면접참여자 3). 절대 남에게 전해준 적은 없다 형제간에야 똘똘 뭉쳐 할 짓 못할 짓 다 해도 괜찮지만, 남은 절대 그렇지 않다(면접참여자 12). 가족끼리만 보지 절대 남은 믿지 못한다(면접참여자 15). 친척한테 넘겨받아서 보고 바로 불태웠다(면접참여자 7).

외부 정보의 소극적 확장: 친구, 친척끼리만 서로 돌려본 경우

두 번째로 외부 정보의 소극적 확장은 남한 영상매체를 혼자만 보는 것이 아니라 친척이나 주변의 친구·동료들과 서로 돌려 보는 유형이다. 남한 영상매체를 돌려본다는 것은 외부 정보가 단절되지 않고 사회적 연결망 형성을 통해 확산될 수 있다는 점에서 의미가 있다.

예를 들어 친구 한 명에게 권유해 함께 시청했는데 함께 본 친구가 다시 자신의 가족이나 다른 친구들에게 전달함으로 인해 정보가 확산되는 경우다.

— 남한 드라마 CD가 있는데 서로 바꿔보자

「면접참여자 20」의 경우는 본인에게 남한 드라마 CD가 있으니 서로 바꿔보자고 권유해 친한 친구나 친척들과 함께 돌려 본 사례다. 함께 본 친구 중 하나가 그 CD를 가족들과 보겠다고 빌려달라고 해서 CD를 빌려주기도 했다고 한다.

— 압수한 물건을 서로 돌려 보는 경우

친척들이 함께 돌려 보는 사례 중 주목할 점은 검열관을 비롯한 간부들이 단속 과정에서 압수한 물건을 자신의 가족들이나 지인들과 서로 돌려 보는 경우이다. 「면접참여자 11」의 경우 친척이 보안원이었는데, 단속을 통해 압수한 영상매체를 서로 돌려 보았다고 한다. 「면접참여자 7」도 같은 증언을 하고 있는데 압수된 남한 영상매체를 교두(세관) 사람이나 보위부 사람이 먼저 보고난 후 외부에 유통시킨다고 한다.

> 이모 딸의 신랑이 보안원이었다. 단속을 하면 그것을 가지고 와서 함께 보았다. 북한에서 CDR 유통이 제일 잘 되는 것은 보안원들이다(면접참여자 11).

— 한 집에 함께 모여서 시청

돌려 보는 것이 아니라 한 집에 모여서 시청하는 경우도 있는데, 이는 그 집에 전기가 잘 들어오거나 녹화기가 있어서라고 한다. 서로 믿을 만한 친구면 집에 와서 같이 보자고 권유하는데, 「면접참여자 4」의 경우 자신이 먼저 보고 너무 재미있어서 친한 친구 5명을 자기 집으로 불러 함께 드라마 <천국의 계단>을 보았다고 한다.

> 믿을 만한 친구면 집에 와서 같이 보자고 권유한다. <천국의 계단>은 내가 보고 너무 재미있어서 친구들을 불렀다. 5명 정도 모여서 같이 봤다. 우리 집에만 전기가 들어왔다(면접참여자 4).

「면접참여자 24」의 경우는 친구들과 함께 자신의 집에서 보았는데, 자기 집에 녹화기가 있었기 때문이라고 한다.

우리 집에 녹화기가 있어 친구들과 함께 모여서 봤다. 정말 친한 친구 3명 정도였는데, 고등중학교를 같이 다닌 동네 친구들이었다(면접참여자 24).

— 아랫동네 영화 같이 볼래?

이같은 사례에서 주목할 점은 연결망에서 중심 역할을 하는 행위자가 등장할 경우 외부 정보가 시간과 공간 면에서 널리 확산될 수 있다는 점이다. 물론 북한 당국의 감시와 처벌에 대한 두려움과 폐쇄성으로 인해 주변에 널리 전파하지는 못하고 단지 믿을 수 있는 친구들이나 같은 학급반에 있던 또래 집단 등에만 한정적으로 전달한다. 그럼에도 외부에서 유입된 정보가 어느 한 곳에 머물러 단절되는 것이 아니라 늦은 속도라도 다른 행위자에게 전달된다는 사실 자체로 의미가 있다.

그런데 아무리 친한 친구라 해도 처음부터 선뜻 남한 영상매체를 함께 보자고 권유하기는 어려우며 함께 시청하자는 말을 꺼내기까지는 탐색 과정이 있다고 한다. 우선 북한 사회의 모순을 알고 이러한 불만을 함께 말하는 등 서로 동감이 돼야 한다. 주로 사회에 대한 비판적인 이야기를 하면서 뜻이 통한다고 생각될 때, 넌지시 '아랫동네 영화를 보지 않겠는가'라고 권유한다고 한다.

아무리 친한 친구라 해도 선뜻 말하기가 어렵다. 말을 꺼내기까지 단계가 있다. 우선 서로 동감이 돼야 한다. 영화를 보고 싶다는 마음은 같지만 소식이 새어 나가면 안 되기 때문이다. 사회의 모순을 알고 서로 이야기하면서 뜻이 통해야 한다. 사회에 대한 비난적인 이야기를 하면서 아랫동네 영화를 함께 보자고 권유한다. 대부분 또래 친구들이다(면접참여자 9).

이같은 소극적 확장형은 친척이나 친구 등 소수의 사람들이 연계돼 있지만 네트워크가 긴밀하게 연계된 형태로 발전된 것은 아니다. 그럼에도 정보가 급속히 확산될 수 있는 기본 토대를 갖고 있다는 점에서 의미가 있다. 즉, 네트워크가 확장될 수 있는 가능성이 있는데 이는 여타의 행위자를 상호 연계하는 연결점의 기능을 수행하는 행위자가 나타날 때이다.

▬ 네트워크간 교량 역할을 하는 행위자: 구조적 틈새

이러한 소극적 확장형에서 주목할 행위자는 배타적으로 구성돼 있는 각각의 네트워크에 참여해 상호 연계 역할을 하는 중심 행위자이다. 여기에서 배타적으로 구성돼 있는 네트워크란 특정 계층이나 계급의 사람들이 다른 사람들을 철저히 배제한 채 자기들만의 교류를 통해 그룹을 형성하는 것을 의미한다.

가령, 북송 재일교포와 간부를 비롯한 이른바 뒷배경이 있는 사람들의 네트워크가 대표적인 경우라 할 수 있다. 북송 재일교포나 간부들의 경우 상대적으로 일반 주민들보다 외부 정보 습득이 용이하다. 북송 재일교포들은 자기들만의 네트워크가 형성돼 있어 일본에서 들여온 CD를 돌려 보며 정보를 공유한다고 한다. 이러한 자기들만의 네트워크에 다른 외부 사람이 들어오는 것을 허용하지 않는다는 점이 특징이다.

그런데 이러한 배타적 네트워크에도 외부 정보가 유입될 수 있는 구조적 틈새가 존재한다. 「면접참여자 9」의 사례를 통해 외부인이 이러한 배타적인 네트워크에 어떻게 참여하며 연계의 역할을 하는지 살펴보자.

「면접참여자 9」는 어릴 때부터 같이 알고 지내던 친구네 집에서 남한 드라마나 영화를 함께 보았는데, 이 친구의 부모는 바로 북송 재일교포였다. 「면접참여자 9」는 친구의 부모가 허락해 그 친구와 어울리게 됐고 그 집에서 함께 남한 드라마와 영화를 시청했다.

한편, 「면접참여자 9」에게는 또 다른 친구가 있었는데 이 친구의 부모는 바로 간부였다. 「면접참여자 9」는 이 친구와도 친하게 지냈는데 이 집에서도 함께 남한 영화와 드라마를 시청했다고 한다. 간부집 자녀들은 남한 영상매체를 시청하다 발각되더라도 문제가 되지 않으므로 별 어려움 없이 시청할 수 있다.

그런데 「면접참여자 9」는 부모가 간부인 친구의 집에서 남한 영상매체를 시청할 때 자신과 가장 가까운 또 다른 친구를 함께 데리고 가서 시청했다고 한다. 또한 「면접참여자 9」를 중심으로 재외동포 부모를 둔 친구와 간부 부모를 둔 친구가 상호 연결돼 이들이 서로 남한 영상매체를 돌려 보기도 했다고 한다. 결국 <그림 2-4>에서 보는 바와 같이 「면접참여자 9」는 독자적인 두 개의 네트워크(북송 재일교포간 네트워크와 간부간 네트워크)에 모두 참여해 이들을 연계하는 연결점이 됐다. 또한 자신과 친한 다른 친구(행위자)를 유인해 이 네트워크에 참여하도록 연결해 주는 역할을 했다고 볼 수 있다.

이러한 「면접참여자 9」의 행위는 네트워크에서 구조적 틈새의 기능과 역할로 규정할 수 있다. '구조적 틈새(structural hole)'란 한 사람이 다른 사람들과의 연계에서 중복되지 않고 그 행위자를 통해서만 다른 사람들이 연계되는 위치를 의미한다. 구조적 틈새에 자리 잡은 행위자가 누리는 가장 중요한 효과는 정보 확보의 우월성으로 지적된다. 그 효과는 구조적 틈새에 위치한 행위자는 다양한 접촉을 하기 때문에 다양한 정보를 접할 수 있다는 점에 근거한다.

여기서 정보 확보의 우월성이란 얻는 정보들이 비교적 중복이 덜하며, 또 얻기 어려운 정보들도 비교적 빠르게 접할 수 있다는 점을 말한다.[16] 「면접참여자 9」를 통해 네트워크간 연결이 이뤄지기도 하고, 또 다른 행위자가 네트워크에 참여하는데, 만약 「면접참여자 9」라는 행위자가 사라질 경우 연계망이 단절될 가능성도 있다.

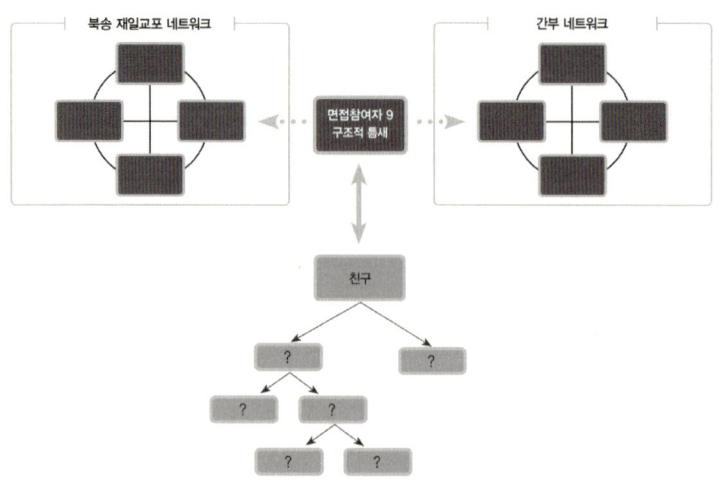

그림 2-4. 남한 영상매체의 소극적 확장 유형

외부 정보의 적극적 확장형:
이웃에게 적극적으로 시청을 유도한 경우

외부 정보의 적극적 확장형은 위의 두 유형과 달리 이웃들에게 적극적으로 시청을 권유해 다수의 사람들이 네트워크를 형성하는 경우를 의미한다. 이 경우 결속의 특징이 있는데, 중심 행위자의 존재 여부에 따라 확장의 유형 역시 달라진다.

― 돈독한 인민반원 몇 집이 서로 돌려 보는 경우

먼저 특별한 중심성 없이 서로가 일정하게 연계돼 있는 경우이다. 「면접참여자 14」의 경우 명절에 서로 음식을 나누는 돈독한

관계인 인민반원 몇 집이 서로 남한 영상매체를 돌려 보았는데 어느 한 집(특정 행위자)이 중심이 된다기보다 남한 영상매체를 구입하면 서로 함께 모여 시청하거나 돌려 보는 경우이다.

> 한 인민반은 20가호인데 이 중에 6가호 정도 서로 명절에 정을 나눌 만큼 가깝게 지냈다. 이들과 함께 서로 모여서 남한 드라마를 보곤 했다. 또 남한 드라마나 영화 CDR을 구하면 서로 돌려 보았다(면접참여자 14).

— 특정한 중심 행위자가 확산하는 경우

이와 달리 특정 행위자가 중심이 돼 이웃에게 시청을 권유하며 확산하는 경우도 있다. 「면접참여자 6」의 경우, 자신의 이모부가 분조장이었는데 분조원들을 집으로 데리고 가서 남한 영상매체를 보여주었다고 한다. 「면접참여자 18」도 자신의 남편이 주변의 다른 사람들에게 남한 영상매체를 빌려주거나 집에 와서 함께 시청했다고 하는데 그 숫자가 100여 명 정도에 달한다고 증언한다.[17]

— 남한 영상매체, 단체로 시청하기

또한 남한 영상매체를 대여하기 위해 주변의 이웃이나 친구들이 서로 돈을 모아서 함께 시청하는 경우도 있다. 이 경우 역시 네트워크의 구심점 역할을 하는 중심적 행위자는 존재하지 않는다. 주목할 점은 네트워크에 참여하는 주요 행위자는 친구들이지만 이 친구들의 가족들이나 또 다른 친구를 데리고 오는 경우가 많기 때문에 네트워크 규모는 상대적으로 더욱 확장된다고 볼 수 있다.

「면접참여자 30」의 경우는 친구들끼리 모은 돈으로 녹화기를 빌려 자신의 집에서 함께 보았다고 한다. 즉, 주변 이웃이나 친구 중에 녹화기를 소유한 사람이 없었기 때문에 마음이 맞는 친구들끼리 돈을 모아 녹화기를 대여해 함께 시청했다는 것이다. 주목할 점은 친구들이 모여서 볼 때 어느 한 친구가 자신의 가족들을 데리고 와서 함께 시청했다는 점이다. 이는 외부에서 유입된 정보가 다른 행위자에게 확산되는 경로를 보여준다는 점에서 의미가 있다.

> 빌려 보는데 돈을 내야 하기 때문에 친구들과 돈을 같이 모아서 빌려서 보았다. 서너 명 정도 모여서 우리 집에서 보았다. 그런데 가끔 어느 한 친구가 자신의 가족들을 데리고 같이 오는 경우도 있었다. 자기 와이프나 형, 누나 등을 데리고 왔다(면접참여자 30).

― 왜 네트워크로 상호 결속되지 못하는가

그런데 이러한 적극적 확장 유형 역시 여러 가지 네트워크 형태가 나타나기는 하지만, 이러한 네트워크 상호간 연결은 활발히 이뤄지지 않고 네트워크간 단절형의 특징을 띠고 있다. 이는 여전히 북한 사회의 폐쇄성과 감시와 처벌에 대한 두려움이 작동하는 것이 원인이라 할 수 있다.

이러한 네트워크간 단절은 결국 북한주민의 인식이나 의식의 공유가 현 시점에서 왜 대규모의 네트워크로 상호 결속 또는 연계되지 못하는가에 대한 해답을 제시한다.

한편, 지금까지 논의한 대인간 유통 및 확산 구조는 거래, 돌려보기, 압수에 의한 돌려 보기, 압수물 재판매 등인데 이를 종합적으로 도식화해 정리하면 다음의 <그림 2-5>와 같다.

― 그림 2-5. 북한에서의 남한 영상매체 유통 및 확산 구조

3. 남한 영상매체의 확산 및 유통 구조의 특징

북한 사회의 이완-통제 사이에서 유연하게 적응

북한에서 남한 영상매체가 유통, 확산되는 것은 북한 당국의 이완, 통제가 반복되는 상황에 유연하게 적응하면서 나타난 결과라 할 수 있다. 1990년대 말 경제 위기 이후 장사를 비롯한 비공식적 경제활동이 확대되면서 북한주민의 지역간 이동이 늘어났다. 식량 위기 상황에서 북한 당국의 통제 이완은 주민의 자유로운 지역 이동을 가능케 했고, 이는 곧 북한 내부에서 남한 영상매체 유통이 전 지역으로 확산되는 요인이 됐다.

시장을 통해 남한의 영화나 드라마 CD 혹은 DVD가 유통되는 등 외부 정보가 빠른 속도로 확산되고 있어 북한 당국은 시장이 자본주의 황색 바람의 통로 역할을 하고 있다고 판단했다.[18] 이에 조직되고 제한된 시장의 양성적 활용을 더는 기대할 수 없게 되고, 빠르게 확산되는 자본주의 황색 바람과 계획경제에 영향을 미치는 불건전 상행위를 강제 통제하기에 이르렀다.[19]

▬ 틈새를 파고드는 남한 영상매체

하지만 통제 과정에서 보위부를 비롯한 간부들이 일반 주민이나 상인들에게서 압수한 남한 영상매체를 시청하게 되고 그 내용에 동화되는 과정 또한 목격할 수 있었다. 면접참여자들은 북한에서는 법이 공평하게 적용되지 않고 사람에 따라 적용하는 것이 완전히 다르다고 인식했다. 어떤 경우에는 뇌물을 받고 관대한 처분을 받는 경우도 있고, 안면·지인 등의 의리 관계가 두텁게 작용하고 있는 것도 중요한 특징이라 할 수 있다.

남한 영상매체를 보다가 적발될 경우, 특히 검열원이 한 명일 경우는 뇌물을 주고 풀려나는 경우가 많았다. 돈이 있으면 풀려날 수 있고, 돈이 없으면 그대로 처벌을 받을 수밖에 없다고 한다. 북한 당국은 외국 영화나 남한 영상물이 주민들의 의식에 미치는 영향을 우려해 잦은 검열을 하고 있지만, 검열시에는 대부분 인민반장이 이를 미리 알려주어 단속에 대처하도록 한다. 또한 적발 시에도 어느 정도는 뇌물을 통해 무마할 수 있기 때문에 통제의 효과가 그리 크지 못하다.[20] 결국 북한 당국의 통제와 이완 사이에서 위로부터의 엄격한 통제 시스템은 균열이 발생하기 시작했고, 이러한 틈새를 파고들며 남한 영상매체는 더욱 확산하기에 이르렀다.

호기심의 촉발, 희소 정보의 독점 욕구

북한 당국의 강압과 통제로 남한 영상매체 유통에 한계가 컸을 것이라는 점도 인정하지만, 오히려 당국의 통제로 인해 호기심을 촉발하고 희소 정보를 독점할 수 있다는 인식이 생긴 점 등은 남한 영상매체가 확산되는 촉매제로 작용했다는 점을 간과

할 수 없다. 그동안 북한 당국의 통제로 외부 정보에 접근하지 못하고 일방적으로 주입되는 정보만 받아온 주민들로서는 남한 영상매체를 통해 외부 세계를 보게 됐다.

주변 사람이 알지 못하는 외부 정보를 자기만 알고 있다는 정보 독점에 대한 우월의식은 정보 확산을 촉진하는 요인이 됐다고 볼 수 있다. 즉, 외부 정보에 대한 엄격한 통제가 가해질수록 오히려 북한주민의 호기심은 더욱 커졌고 이는 남한 영상매체가 널리 확산하는 계기가 됐다. 「면접참여자 22」는 남한 드라마를 자꾸 보면 볼수록 자신이 알게 된 정보를 주변 사람에게 전하고 싶은 마음이 들었다고 한다.

> 98년도 무렵에 처음 봤는데 한국 말씨가 너무 부드럽고 배우고 싶다는 생각을 했다. 한국이 못산다고 들었는데 드라마를 보니 전혀 달랐다. 점점 더 알고 싶어지는 호기심이 들었다. 자꾸 보다 보니 내가 알고 있는 것을 다른 사람에게 전해주고 싶은 마음도 들었다(면접참여자 22).

동일 언어 사용 매체에 대한 몰입

북한 내에 유통되는 영상매체는 남한에서 제작된 것뿐 아니라 중국, 홍콩 등에서 제작된 것도 유통되고 있다. 남한 영상매체가 유입되기 전까지는 주로 중국이나 홍콩 영화를 많이 보았다고 한다. 그런데 북한주민은 이러한 영상물이 외국어 번역 자막이

삽입되지 않아 내용을 구체적으로 파악하기 어려웠고, 그만큼 흥미를 갖고 몰입하기 어려웠다고 한다.

남한 영상매체의 유입은 동일 언어를 사용하고 있다는 점에서 그만큼 이해와 몰입도를 높일 수 있었고, 이는 이질적 언어 사용 매체에 비해 상당한 인기를 얻으며 확산되는 요인이 됐다.

> 한국 것이 들어오기 전까지는 중국이나 홍콩 영화를 많이 봤다. 번역 없이 보니까 그냥 행동만 보는 정도여서 내용을 잘 이해하기 어려웠고 재미도 없었다. 그러다가 한국 것이 들어오면서 상당히 인기가 있었다(면접참여자 9).

지역, 계층간 경계 허물기

비공식적 경제활동이 확대돼 북한 사회계층이 정치적 경직화에서 경제적 재분화 과정을 겪게 된 것도 남한 영상매체가 확산한 경위와 무관하지 않음을 확인할 수 있다. 그동안 북한 사회에서 정치적 성분에 따라 구분된 계층 구조는 그 경직성으로 계층간 대면 기회 또한 주어지기 어려웠다.

그러나 비공식적 경제활동이 확대되면서 더 이상 정치적 계층으로서의 만남이 아닌 판매자와 수요자로 만나는 '시장'이 계층간 대면 접촉을 확산했다. 이와 같은 정치적 성분을 뛰어 넘는 관계망 재편은 남한 영상매체의 '연결선'으로 작용해 전 계층이

공유할 수 있는 '비밀 아닌 비밀'이 되었다.

─ 일반 주민보다 간부들이 더 많이 시청

면접참여자들의 응답을 보면 일반 주민들보다 상대적으로 남한 정보나 영상매체 입수가 용이한 간부들이 오히려 더 많이 시청 했다는 점을 알 수 있다. 간부집에는 숙박검열이 없어 오히려 단속을 우려하지 않고 남한 영상매체를 시청할 수 있었다고 한다. 면접 조사를 통해 밝혀진 남한 영상매체의 시청이나 유통에 관여한 직급으로는 교양원 양성소 소장, 보위부 소장 및 지도원, 통신과장, 반탐과장, 외사지도원, 인민보안성 간부, 중앙은행 지배인 등이다.

> 이모네가 잘 살고 이모부가 힘 있는 사람이었는데, 간부들이 남한 영화를 보러 집에 자주 왔다(면접참여자 8). 간부집에는 숙박 검열이 없다(면접참여자 25).

이같은 남한 영상매체의 지역, 계층간 경계 허물기는 북한에서 시장을 통해 남한 영상매체가 유통되고 확산한 결과라 할 수 있다. 2000년대에 들어서 북한은 전국적으로 산재한 시장이 다양한 형태로 연계하면서 통일된 시장을 형성하고 있다. 특히 장마당에서 중·소형 도매상인으로 활동하는 이른바 '달리기꾼'들은 도매상인에게서 물건을 넘겨받아 북한의 여러 지역을 돌아다니며 시장 매대 상인들에게 물건을 넘긴다. 이들은 지역간 시세차익을 이용해 이윤을 챙기기도 하는데 도매상에게 넘겨받은 가격에 30~40%정도를 붙여서 소매상들에게 넘긴다. '달리기꾼(도매상인)'들은 단순히 상품의 이동과 판매뿐 아니라 전국의 시장을 하나의 유통망으로 연계하는 데 큰 역할을 하고 있다. 달리기꾼들의 역할은 물품 교환에 있어서 중계 역할에 그치지 않고 전국 각지를 돌아다니므로 지역 간에 문화와 정보를 전달해주는 미디어와 같은 역할을 한다.[21]

제3장

남한 영상매체 시청과 북한주민 의식 변화

남한 영상매체는 북한주민에게 어떤 영향을 미칠까?

1. 정치·경제 분야 의식 변화: 사상의 이완

남한에 대한 환상과 동경

남한 영상매체를 보고 어떤 느낌을 받았는가에 대한 질문에 면접참여자 대부분은 남한의 발전된 모습과 개방적인 모습을 보고 무척이나 놀랐다고 응답했다. 북한은 먹고 살기조차 힘든데 남한은 먹고 사는 걱정이 없고 북한과는 비교할 수 없을 정도로 발전했다는 느낌을 받았다는 것이다.

그렇다면 북한주민은 주로 어떤 장면을 보고 남한이 발전한 것을 느끼게 됐을까?

— 흰쌀밥에 대여섯 가지 반찬이 오르는 밥상

남한 드라마나 영화 내용 중 주로 어떤 장면을 보고 남한의 경제적 발전을 알게 됐는가라는 질문에 대해 응답자들은 가정방(집), 거리 풍경, 자동차, 옷차림새, 식탁에 차려놓은 음식 등을 꼽았다. 특히 집이나 인테리어를 보면 일반인(서민)이 사는 곳도 북한에서는 상상조차 할 수 없고, 밥상을 보면 흰쌀밥에 대여섯 가지 반찬은 항상 기본으로 오르는 것을 보고 남한이 정말 잘 산다는 것을 인식했다고 한다.

남조선은 헐벗고 굶주렸다는 교양을 받고 자랐다. 그런데 영화나 드라마를 보면 전혀 달랐다. 집의 거실을 보면 북한에서는 상상할 수 없는 풍경이었다. 거기에 일반인이 살 수 있다는 점도 놀라웠다. 일반 서민들의 식탁에 오르는 것을 보면 흰밥에 대여섯 가지 반찬은 보통이었다. 처음에는 의심을 했는데, 남편이 중국을 드나들면서 실제로 사실이라는 것을 알게 됐다. 남조선은 항상 이밥을 먹는다고 했다. 밤에 드라마 내용을 다시 생각하고, 그냥 계속 보고 싶다는 마음이 들었다(면접참여자 14).

— 부모방, 부부방, 아이들 방이 따로

「면접참여자 7」의 경우 자신들은 한 방에 다 같이 생활하는 데 반해 남한 드라마에서는 부모 방, 부부 방, 아이들 방이 모두 별도로 있는 것을 보고 놀랐다고 말한다. 또한 거기에서 생활하는 가족들의 화목한 모습을 보면서 자신들과는 비교도 안 될 만큼 풍족한 삶을 살고 있다는 점을 알게 됐다고 한다.

드라마를 보면 부부 방, 부모 방, 아이들 방이 다 따로 있었다. 거기에서 가족들이 화목하게 생활하는 광경을 보았다. 우리는 다 같이 누워서 자고, 편안한 일생을 못 보낸다. 풍족하지 못하기 때문에 화목하게 못 살고 매 순간 얼굴을 다 찡그리고 산다(면접참여자 7).

— 집안에서, 외출할 때, 잠잘 때 모두 다른 옷을 입는 사람들

북한주민은 북한 영화를 볼 때 배우들이 처음부터 끝까지 한 가지 종류의 옷을 입고 나오는 데 반해, 남한 영상매체는 장면마다 혹은 상황이 바뀔 때마다 다른 옷을 입고 나오는 것을 보고 남한의 발전상을 느꼈다고 한다.

「면접참여자 4」는 남한 드라마 <천국의 계단>을 보면서 배우들이 집 안에서, 외출할 때, 심지어 잠잘 때 모두 다른 옷을 입는 장면을 보고 '정말 저렇게 잘 사는 나라도 있구나' 생각했다고 한다. 10살, 11살 난 딸도 같은 드라마를 감동 깊게 봤는데 남한에 와서 드라마의 주인공이었던 최지우의 팬이 됐다고 한다.

> 생활 수준이 전혀 다른 것을 보며 신기한 느낌과 부러운 마음이 들었다. '세상에 이렇게 잘 사는 데도 있구나'라고 생각했다. 배우들의 옷을 보면 집 안에서, 외출할 때, 심지어 잠 잘 때 옷이 모두 달랐다. 화면 한 장면 한 장면이 바뀔 때마다 옷이 바뀌었다. 딸이 10살, 11살이었는데 <천국의 계단>을 감명 깊게 봤는데 남한에 와서도 최지우 팬이 됐다(면접참여자 4).

— 여성이 자동차를 운전한다?

북한주민들은 여성이 자동차를 운전하는 장면을 보며 남북한의 생활 수준이 전혀 다르다는 것을 절실히 깨달았다고 한다. 심지어 여성들이 아주 자연스럽게 운전하는 장면을 보면서 놀이감(장난감)이 아닌가 할 정도로 신기하게 생각했다고 한다.

여자들이 운전하는 것도 너무 놀랐다. '어머 여자들이 차를 모네'라고 이야기했다. 여자들이 너무 자연스럽게 운전을 하니까 놀이감(애들이 가지고 노는 장난감)인가 생각할 정도였다. 여자들이 술 마시고 담배 피우는 장면을 보면서 여기서는 상상도 못할 일이라고 생각했다(면접참여자 8).

「면접참여자 11」의 경우 영화에서 차량 열쇠를 위조하는 장면을 보고 남한의 기술도 매우 발전했다는 인식을 하게 됐다고 한다. 「면접참여자 13」은 드라마 <올인>을 보면서 카지노를 알게 됐는데, 세상이 저렇게 발전해 가고 있구나 하는 생각을 했다고 한다.

─ 천국과 같은 놀이공원

지금까지 외부 정보나 문화를 경험해 보지 못한 북한주민들에게 남한 영상매체에 등장하는 배경은 신기하고 낯선 장면일 수밖에 없었을 것이다. 「면접참여자 15」는 드라마에 나오는 내용 중 놀이공원 모습이 아주 신기했는데 그 곳은 정말 천국 같다는 생각이 들었다고 한다.

드라마 <천국의 계단> 중 놀이공원이 너무 희한하고 멋있었다. 여기 와서 보니 거기가 '롯데월드'였다는 것을 알았다. 그때는 대한민국에 가서 저런데 한 번만 가서 즐기고 구경했으면 하는 마음이 들었다. 정말 저런 곳이 있는지 천국 같았다(면접참여자 15).

── 저런 나라에서 한 번만 살아봤으면...

북한주민은 북한과 비교도 안 될 만큼 발전된 남한의 모습을 보고 "나도 저런 나라에 가서 한 번 살아봤으면" 하는 환상과 동경을 가지게 됐다고 한다. 「면접참여자 8」은 드라마에 나오는 이층집을 보고 자신도 저런 집에서 한 번만 살아봤으면 할 정도로 남한을 동경했고, 「면접참여자 6」도 언제 저런 곳에 한번 살아볼까 하는 동경을 가졌다고 한다.

> 드라마에 나오는 이층집을 보면 정말 잘 사는 것 같았다. 그런 집들이 나오는 장면을 보며 대한민국 사람은 다 저런 집에 사는 것 같은 느낌을 받았다. 거기에 가서 한 바퀴만 돌고 오면 좋겠다고 생각했다(면접참여자 8).

「면접참여자 19」의 경우 평소 집을 꾸미는 데 관심이 많았는데, 남한 드라마에 나오는 집을 보며 나중에 자신도 저렇게 집을 꾸며 놓고 살아야겠다는 환상을 가졌다고 한다.

> 가정방을 꾸며놓은 것을 보고 실제로 저렇게 좋은가 처음에는 의심했다. 그런데 여러 편의 드라마나 영화를 보면 거의 대부분의 가정집들이 잘 꾸려져 있는 것을 보고 남한이 정말 잘 산다고 생각했다. 나도 나중에 저렇게 꾸며 놓고 살아야겠다는 환상을 가졌다(면접참여자 19).

― 마약과 같은 남한 드라마와 영화

「면접참여자 17」은 남한 드라마나 영화가 너무 재미있어서 마치 마약과 같이 느껴졌다고 고백한다. 정치적 내용만 반복적으로 나오는 북한 영상물만 보다가 남한 영상매체를 접했을 때의 재미란 말로 표현할 수 없을 정도였다고 한다. 남한 배우의 실감 나는 연기를 보면서 감탄했고, 무엇보다 남한 영화를 보면서 한국에는 거지가 없다는 것을 알게 되면서 지금까지 속고 살았다는 생각에 적개심마저 들었다고 고백한다.

> 너무 재미있어서 마약같이 느껴졌다. 북한 것 보다가 한국 것 보니까 남한 배우가 연기를 어찌나 잘하는지… 영화를 보고 한국에 거지가 없구나 생각했다. 옆집에 사는 애는 북한에서 대단히 잘 사는 아이였는데 한국에 가겠다고 따라 나섰다. 드라마 보고 지금까지 속아 살았다 생각했다(면접참여자 17).

북한 지도부에 대한 의식 변화

북한주민들은 남한 영상매체를 시청한 후 김정일 정권을 비롯한 북한 지도부에 대해 어떤 의식 변화를 겪었을까? 남한 영상매체를 보고 김정일 정권에 대해 어떤 생각을 했는가라는 질문에 대해 남한의 발전된 모습을 보며 환상과 동경을 가졌다고 대답한 면접참여자들은 대부분 김정일에게 반감을 갖게 됐다고 응답했다.

무엇보다 자신들이 사는 모습과 남한 주민들의 삶의 모습이 너무나 비교됐다고 한다. 남한 드라마나 영화는 정치적 내용이 직접적으로 나오는 것은 아니지만 간접적으로 보이는 장면을 통해 풍요로움을 보게 됐고, 이는 자연스럽게 자신들의 삶과 비교할 수밖에 없었다고 한다. 친한 사람들끼리는 남북한을 서로 비교하며 정치적인 이야기를 함께 나누기도 했다고 한다. 심지어는 자신들이 이렇게 못 사는 이유가 모두 김정일 때문이라는 말도 공공연히 했다는 것이다.

― 자기 생일날 전기도 못 주면서…

한 면접참여자의 경우 김정일의 생일인 2월에 생일 축하 준비를 위해 온 나라가 들끓는데도 불구하고 정전이 자꾸 되니까 제 생일날도 전기를 못 준다고 서로 비방하며 불만을 나타냈다고 한다. 또한 김정일이 권력을 혈통에 의해 물려받은 것에 대해서도 부정적인 인식을 갖고 있었다.

> 머리가 돌고 깬 사람은 김정일이 나쁘다는 것을 다 안다. 아는 사람들끼리는 김정일이 나쁘다는 말을 한다. 고려왕국 시대처럼 물려받는 것이 어디 있는가라는 말을 한다.

— 자신들의 비참한 삶과 비교하면서…

또 다른 면접참여자도 남한 드라마를 보면서 자신들의 삶의 비참함을 비교하며 북한 지도부에 불만을 가졌다고 한다. 진정 백성을 위해 사는 게 아니라 자신들만을 위한 정치를 했다는 것을 깨달았다고 한다.

> 이건 자기네를 위해 사는 거지, 백성을 위해 사는 게 아니구나 하는 것을 깨달았다. 너무 못 먹는 주위 사람들을 보니까 마음이 안 좋았다. 친구네 아이가 꽃제비였는데 남한 드라마를 보면서 비교되고 너무 속상했다. 굶어죽는 백성들이 안타까웠다.(면접참여자 ○○)

북한주민들이 남한 영상매체 시청을 통해 남한의 경제 발전을 인식하게 되면서 김정일에 대한 불만이 높아졌는데, 이러한 불만은 자연적으로 북한 체제에 대한 비난으로 이어졌다. 남한의 발전된 모습을 본 북한주민에게는 정치와 이념보다는 굶주림을 해결하는 먹는 문제가 우선이었다.

> 통일이 되든지, 통일이 안 되면 한국이 조선을 먹어서라도 이런 식으로 살아서는 안 된다고 생각했다. 김정일이 능력이 없으면 한국 대통령, 한 명의 대통령이 돼서 잘 살면 좋지 않겠는가. 정치가 어떻든 잘 먹여주고 구박 안 하면 된다.(면접참여자 ○○)

─ 김일성과 김정일 시대의 비교

북한주민은 남한 영상매체를 보면서 남한이 발전했다는 것을 인식하며 김정일과 김일성 시대를 비교했다. 김정일에 대한 불만이 높을수록 김일성 시대에 대한 회상과 그리움을 말하는 경우가 많았다. 김정일 시대와 비교하면 김일성 시기에 북한은 그래도 살 만한 곳이었다는 것이다.

특히, 경제 위기 이후 김정일에 대한 정치적 불신과 권위에 대한 불만이 현격히 드러나며 김일성 시대를 회상하는 사례가 많았다. 세대별, 계층별에 따라 정치사회화 정도가 차이를 보이고 있지만 자애로운 어버이로서의 김일성의 덕성에 대한 표현은 식량난에도 불구하고 긍정적인 입장으로 나타나 김일성이 강한 카리스마적 권위를 갖고 있음을 알 수 있었다. 김정일은 김일성에 비해 자애로운 어버이로서의 카리스마적 권위가 취약하다고 볼 수 있다. 무엇보다 경제 위기 이후 김정일의 영도자로서의 능력에 대해 한계성이 지적되기도 했다.[22]

> 북한이 100퍼센트 나쁜 것은 아니다. 그래도 김일성 시대에는 서로 돕고 산 경험이 있다. 나라가 위기에 처하면 전민이 한 목소리를 내고 어려움을 풀기 위해 단합하는 모습을 보였다.(면접 참여자 ○○)

당국의 선전과 현실의 괴리: '거지, 노숙자 없는 남한'

지금까지 북한 당국은 미제국주의의 식민지로서 남한 주민들은 굶주리고 헐벗으며 거리에 거지가 넘쳐난다고 선전했다. 그런데 북한 당국은 남한이 잘 산다는 사실을 알고 있으며, 일반 주민들 역시 남한의 실상을 이제는 어느 정도 알게 됐다고 한다. 더욱이 남한 영상매체를 접한 사람들은 남한이 경제적으로 발전했다는 것을 너무도 잘 알고 있다고 한다.

이같은 상황으로 인해 북한 당국은 주민교양 시 종전과 같이 남한이 못산다는 내용보다는 빈부격차와 같이 썩어빠진 자본주의의 폐해에 대해 학습을 시킨다고 한다. 하지만 북한주민들은 남한 영상매체 시청을 통해 이러한 북한 당국의 선전과 교양학습이 거짓이라는 사실을 확인한다. 드라마에 나오는 건물이나 자동차를 보면 정말 남한이 선진국이라는 것을 여실히 깨닫게 된다는 것이다.

> 북한에서는 학교 교육이 남한에 가면 거지가 많고, 미군이 인권 유린한다고 나온다. 어릴 때부터 그렇게 교육받았다. 미군 강점으로 인해 자기 마음대로 활동도 못한다고 배웠다. 어디 가나 거지가 있다. 하지만 드라마 볼 때 드라마에는 거지가 안 보이고 북한과 비교가 안 됐다. 거리는 감출 수가 없다. 건물이나 차 다니는 것을 보면 진짜 이게 선진국은 선진국이구나 하는 생각을 했다(면접참여자 7).

— 드라마 〈첫사랑〉, 80년대 배경이 저 정도라면…

「면접참여자 11」의 경우도 한국은 지주와 자본가가 독재하고 거리에 노숙자가 많다고 배웠는데, 남한 드라마에 등장하는 인물과 패션을 보면서 자신들의 생활과는 비교가 안 될 정도로 좋다는 생각을 했다고 한다. 드라마 〈첫사랑〉은 80년대를 배경으로 하는데, '80년대의 모습이 저 정도면 정말 잘 사는구나' 하는 생각을 하며 당국에서 말하는 것이 거짓이라는 것을 알게 됐다는 것이다. 이같이 북한주민들은 북한 당국의 선전이 실제 남한의 모습과는 다르다는 사실을 남한 영상매체를 통해 인식하는 사례가 많았다.

> 배울 때는 한국 사람들은 지주와 자본가가 독재하고 거리에 노숙자가 많다고 배웠다. 드라마에 등장하는 인물과 패션을 보면서 우리 생활보다는 낫다는 생각을 했다. 당국에서 말하는 것이 거짓이라는 것을 알게 됐다. 드라마 〈첫사랑〉의 경우 80년대 배경인데 80년대에 저 정도면 정말 잘 사는구나… 한 50년은 차이가 나는구나 생각했다(면접참여자 11).

「면접참여자 2」는 한국에서는 치마를 기워서 입는다고 교육을 받았는데 중국에 다녀온 사람들에게서 한국 드라마에 대한 이야기를 들으면서 한국에서 만든 옷이 좋다는 것을 알게 됐다고 한다.

학습교양을 받을 때 한국에서는 치마를 기워서 입을 정도로 가난하다고 교육을 받았다. 그런데 사람들 자체가 이러한 부분을 인정하지 않는다. 중국에 갔던 사람들이 한국 드라마 이야기를 하고, 한국 옷이라면 중국 상품보다 더 비싸게 거래된다. 재봉이나 바느질이 다르다. 디자인이 세련됐다. 국경 옆에 있는 사람들은 한국을 부러워하고, 한국에 가고 싶어 한다. 중국이 발전했다면 한국은 더 발전했겠구나 생각했다(면접참여자 2).

북한주민들, 자본주의를 알아가다

북한주민들은 남한 영상매체를 시청하면서 북한 당국의 선전이 사실과 다르다는 것을 알게 된다. 경제적 부분에서 중요한 의식변화는 자본주의를 알게 된다는 점이다. 북한에서는 자기가 아무리 능력이 있고 일을 열심히 해도 자기 것이 될 수 없지만, 자본주의는 자기 능력만큼 일한 것을 다 가질 수 있다는 것이 인상적이라는 것이다.

「면접참여자 12」의 경우 북한에서는 자기가 일한 것의 절반만 가져가도 잘 가져가는 것인데 자본주의는 자신의 능력만큼 일한 것을 다 가져갈 수 있다는 것을 알았다고 한다.

나는 왜 자본주의처럼 내 능력만큼 일한 것을 내가 다 가질 수 없는가 생각했다. 북한에서는 정말 자기가 일한 것의 50퍼센트만 가져도 잘 가지는 것이다(면접참여자 12).

── 각자가 자기 능력만큼 일하고 버는 사회

「면접참여자 18」은 자본주의가 남의 통제 없이 자기가 하고 싶은 대로 하는 것이라는 인식을 갖게 됐다고 한다. 「면접참여자 3」역시 자본주의가 자기가 벌면 먹고 살아갈 수 있는 곳이라는 생각을 했다.

> 자본주의가 결국 자기가 번만큼 먹고사는 것이라 생각했다. 그러나 교육은 돈 있으면 살고, 돈 없으면 죽는다고 가르쳤다. 우리가 지도가 좋으니까 너희는 좋은 줄 알라고 교양했지만 실상과는 전혀 달랐다. 드라마 보면서 남한에 가보고 싶다는 생각을 했다(면접참여자 3).

북한 당국은 자본주의에 대해 학습교양을 하면서 돈 있는 사람은 살고, 돈 없는 사람은 죽는다고 가르쳤다고 한다. 또한 자본주의에 빈익빈, 부익부 현상이 심각하고 자본주의 사람들은 다 무섭다고 교양했다고 한다. 그런데 북한주민은 남한 영상매체를 보면서 자본주의가 결국 자유롭게 자기 일을 하면서 자기 능력만큼 열심히 하면 일한 만큼 자기 것을 소유할 수 있다는 점이 인상적이었다고 한다.

> 교육 받을 때 내용과는 많이 달랐다. 자본주의에 사는 사람들이 무섭다고 했는데, 드라마를 보면 사람들이 정말 자유롭고 편안하고, 자기가 하고 싶은 건 할 수 있다는 것을 알게 됐다. 열심히 하면 되는구나…. 북한에서는 아무리 열심히 해도 자기 것이 안 된다(면접참여자 22).

정치경제학 배울 때 남한은 자본주의 경제이기 때문에 빈익빈, 부익부가 심각하다고 배웠다. 그런데 막상 자본주의에 와보니 사회주의 사회에서 사는 것보다 문화적이고 선진적이라는 것을 느꼈다. 우리는 하나를 하면 똑같이 하나를 하는데 여기는 각자가 자기 능력만큼 일하고 번다. 남한 드라마를 보며 환상의 세계라 생각했는데 정말 와서 보니 똑같다. 자본주의가 일한 것만큼 사는 세상이니까 좋다(면접참여자 15).

2. 사회·문화 분야 의식 변화: 남한 따라하기

남북간 문화적 격차, 그러나 모두 사람 사는 이야기

북한주민은 남한 영화나 드라마에 나오는 장면이나 배경 등은 물론 내용을 보면서도 자신들과 문화적 차이를 경험한다. 「면접참여자 10」의 경우, 영화 <공공의 적>을 보면 주인공들이 욕을 하거나 치고받고 싸우는 장면이 많지만 그래도 극중 인물들이 자유롭게 자신들이 할 소리는 다하는 것 같아 매우 인상적이었다고 한다.

— 남조선 사람들도 같은 인간이구나…

또한 남한 영상매체를 보면서 평소 남한 사람들에 대해 갖고 있었던 부정적이고 편향적인 인식이 바뀌게 되는 계기가 됐다.

「면접참여자 32」는 드라마나 영화에서 가장 인상적인 장면으로 극중 배우가 엄마의 죽음을 안타까워하며 우는 장면을 꼽았다. 「면접참여자 32」는 북한 당국의 선전이나 학습을 통해 평소 남한 사람들에 대해 나쁜 인식을 갖고 있었는데 그 장면을 보면서 한국 사람들도 같은 인간이구나 생각하며 감명을 받았다고 한다.

> 배우 장서희가 나오는데 엄마가 죽기 전에 자기한테 나쁜 말을 하고 죽었다. 그런데도 배우는 엄마를 위해 정말 하염없이 눈물을 흘리며 울었다. 우리는 남조선 사람이라면 안기부 요원처럼 감정이 없는 사람이라 생각했는데…. 남한에서는 자기가 살기 위해 부모를 죽인다는 소리를 들었다. 그런데 드라마에서 눈먼 엄마를 봉양하다가 엄마가 안타깝게 죽은 장면에서 비통해 하는 장면을 보며 북한이나 남한이나 동등한 인간이구나 하는 생각을 했다(면접참여자 32).

— 한국에는 병에 걸려 죽는 사람이 많다?

영화나 드라마 내용 중 사실과 다르게 오해를 할 수 있는 내용도 많았다. 흥미와 재미를 위해 다소 과장되거나 극적으로 반전되는 내용이 있는데 이를 실제 현실의 이야기로 받아들이는 경우이다. 가령, 「면접참여자 11」의 경우 극중 주인공이 병으로 죽는 장면이 많아 한국에는 병에 걸린 사람이 많거나 그러한 것이 일반적인 현상이라는 생각이 들었다고 한다.

주인공이 아파서 죽는 내용이 많았는데 너무 가슴 아프게 죽는 경우가 많았다. 그래서 한국에는 특히 백혈병이 많구나 하는 생각을 했다. 남한에 와서 보니까 그렇지 않다는 것을 알았다. 좀 살렸으면 좋았을 텐데 하는 생각을 했다(면접참여자 11).

문화적 모방과 남한산 제품의 선호; 남한 따라 하기

북한주민은 남한 영상매체를 시청하면서 의식이 변했는데, 이는 구체적인 행위양식의 변화와 문화적 모방으로 이어졌다. 한마디로 북한에서는 시장화로 인해 종전에는 상상도 못하던 '류행'이 번지고 있는 것이다. 언어, 의류, 복장, 헤어스타일, 인테리어 등 당의 사회주의 생활양식과 무관한 유행이 대중을, 특히 신세대를 매료시키고 있다고 볼 수 있다.[23] 문화적 모방을 넘어 드라마에서 본 남한산 제품을 선호하게 되고, 결국 남한 따라 하기 현상이 나타나고 있다.

─ '세련돼지는' 사람들: 서울 말씨, 거지머리, 쫑대바지

북한에서 남한 드라마나 영화를 본 사람들은 '세련돼진다'고 표현을 하는데, 주로 인기를 얻고 있는 것이 몸에 쫙 붙는 바지, 가슴이 파인 옷, 머리핀, 남한 말투, 헤어스타일 등이다. 특히 청소년들의 경우 남한 영상매체를 통해 배운 남한 말투를 따라 하는데 길거리에서 친구들끼리 남한 말투를 흉내 내다 소년단 지도원에게 발각된 경우도 있고, 보안원의 경우 말투를 통해 CDR

유통의 출처를 캐기도 한다고 한다.

북한주민은 남한 영화나 드라마에 나오는 헤어스타일을 따라 하기도 하는데 한 때 일명 '거지머리'가 유행했다고 한다. 「면접참여자 2」의 경우 평양에 가서 본 남한식 헤어스타일을 사진으로 찍어 와서 미용사에게 주며 그대로 해 달라고 할 정도였다.

> 평양에 갔는데 현재 한국 옷맵시와 헤어스타일을 따라하는 것이 유행이었다. 사진을 찍어 와서 미용사한테 주면서 그대로 해 달라고 했다. 안전부에서는 많이 통제를 하는데 심지어 머리도 깍지 말라고 통제를 하기도 했다(면접참여자 2).

옷차림새의 경우 '쫑대바지'(몸에 딱 붙는 일자형 바지)가 유행이었는데 단속에 걸리면 보안원이 길거리에서 바지를 찢는 경우도 있지만, 이를 수선하거나 새로 구입해서 그 다음날 또 입고 나갔다고 한다. 또한 영화나 드라마에 나오는 남한 춤이나 노래를 배워서 친구들끼리 따라하는 경우도 있었으며 생일 파티 문화를 따라 한 적도 있다고 한다.

> 드라마에서 배우가 하고 나온 머리핀과 일자바지 등을 따라 했다. 무역을 하는 아버지 덕분에 옷은 거의 한국산을 입었다. 영화를 본 사람들끼리만 말투를 따라 하기도 했다. 나는 소질이 없는데 친구들은 춤도 잘 따라 췄다. 기타를 잘 치는 친구 덕분에 친구들이 다 기타를 배웠는데 북한 노래는 잘 모르고 영화나 드라마에 나오는 남한 노래를 더 많이 불렀다(면접참여자 24).

— 남한 제품에 대한 선호: 화장품, 밥가마(전기밥솥), 텔레비전

북한주민들의 남한 문화 모방은 자연적으로 남한 상품 선호로 이어졌다. 남한 배우들의 피부가 좋은 것을 보고 한국 화장품에 대한 선호도가 매우 높았다고 한다. 밥상에 놓이는 흰쌀밥을 보며 남한 밥가마(전기밥솥)를 구매했고, LG라는 브랜드는 몰랐지만 남한산 제품이라는 말에 중국산 제품보다 1.5배에서 2배 정도 더 비싼 가격에 텔레비전을 구매하기도 했다.

한국 밥가마(전기밥솥)는 정말 인기가 있다. 돈 내고 자기 집만큼 전기를 받을 수 있다. 북한도 자본화돼 옛날과 다르다. 돈만 있으면 다 살 수 있다. 돈 벌기도 쉽고, 한국도 돈 있는 사람이 돈을 벌듯이 북한도 돈 있는 사람이 돈을 번다(면접참여자 12).

수상기를 켜면 파란 화면에 LG라고 나왔다. 그때 당시는 브랜드는 모르고 단지 한국 제품이라는 것만 알고 있었다(면접참여자 4).

이처럼 의식의 변화는 소비문화 확산으로 이어졌는데, 주목할 점은 남한 상품이 품질이 좋고 영화나 드라마에서 본 것이라는 이유로 북한에서 굉장한 인기를 끌고 있다는 점이다.

이성애: 남녀간의 자유롭고 개방적인 교제에 대한 충격

북한주민들은 남한 영상매체의 이성애에 대한 부문에 관심과 흥미가 많았다. 평소 북한주민들이 조선중앙TV를 통해 접할 수 있는 북한 영상물은 대부분 정치적·사상적 내용이 많았다. 북한의 조선중앙TV는 시작부터 끝날 때까지 김일성·김정일 우상화의 테두리를 벗어나지 못하고 있다.[24] 면접참여자들의 응답을 보면 북한 영화는 가식이 많고 대부분 거짓말로 이뤄져 있다고 했다.

이에 반해 남한 드라마나 영화는 정치적인 내용보다 실생활을 주로 다루고 있다는 점에서 인상적이었다고 한다. 특히 남녀간에 개방적이고 자유로운 교제를 할 수 있다는 점이 상당히 충격적이었다고 한다.

— 첫 장면을 보면 그 끝을 알 수 있는 북한 영상물

「면접참여자 11」의 경우 북한 영상물은 정치적인 내용이 많아 처음 시작을 보면 끝을 알 수 있는데 반해, 남한 영상매체는 사랑, 인간생활에 대한 이야기가 많아 보면 볼수록 다음 편이 어떻게 될까 무척 궁금해졌다고 한다.

북한에서는 이성간 조건(토대, 당원, 집안, 행불자 여부, 경제적 능력)이 우선시 되는 데 반해, 남한 드라마의 경우 남녀의 나이에 관계없이 교제를 하는 등 개방적이고 자유로운 사랑 이야기가 굉장히 흥미 있었다고 한다. 북한 영화는 수령과 당에 충성하며 오직 당만 받드는 인간을 내세우는 데 반해, 한국 영상매체는 재벌 2세와 서민 여성의 사랑, 자유로운 남녀관계 등 다양한 모습을 보여주고 있다는 점도 인상적이었다고 한다.

> <내 이름은 김삼순>을 보면서 연상 남녀간의 사랑에 대해서 자유롭고, 나이가 상관없다는 생각을 했다. 북한에서는 사랑이라면 조건, 토대, 당원 여부, 집안이 백두산줄기인지, 행불자가 있는지, 경제적으로 잘 사는지를 먼저 따진다(면접참여자 11).

— 이해 안 되는 남녀간 키스 장면

북한주민들은 개방적이고 자유로운 남녀관계에 대한 내용이 상당히 인상적이라는 느낌을 받으면서도 동시에 남한 영화나 드라마 중 남녀간에 애정을 나누는 장면에 대해서는 부정적인 인식을 가졌다. 남녀간 키스 장면을 보면서 처음에는 잘 이해가 안 되고, 성문화가 난잡한 것이 아닌가라는 생각까지 했다고 한다. 또한 불륜에 관한 내용은 전혀 이해할 수가 없었고 이성간의 애정에 대한 문화가 잘 이해되지 않았다고 한다.

> 남녀가 서로 붙들고 키스하는 것이 잘 이해가 안 됐다. 너무나 성문화가 난잡한 것 아닌가 생각했다. 북한에서는 이해가 되지 않는 것이다. 한국에 와서 보니 그게 문화라는 것을 알았다. 별로 이상하지 않았다(면접참여자 12).

「면접참여자 19」는 남한 영화나 드라마에 나오는 남녀간의 애정 장면이 굉장히 인상적이었지만 이러한 장면을 보고 느끼는 한국의 이미지는 별로 좋지 않았다고 한다.

> 사랑 영화도 어느 정도는 좋은데…. 북한에서 친구가 이 영화 한 번 보라고 하면서 웃으면서 준 적이 있다. 역사 영화라고 해서 보라고 권유했다. 10분 정도 보니까 야한 장면이 너무 많이 나왔다. 아들도 옆에 있었으니까 처음에는 모르고 보다가, 이런 것을 어떻게 영화에 다 내보낼까 생각했다. 권해준 친구도 너무 어이가 없다고 말했다(면접참여자 19).

성인영화에 대한 호기심: 자본주의 성문화에 대한 충격과 흥미

최고의 인기를 누리는 남한 성인영화

앞서 살펴본 바와 같이 북한주민은 남한 드라마나 영화에 나오는 내용 중 가장 인상적인 장면으로 남녀간의 애정 장면을 꼽았다. 이러한 내용들을 접해 볼 기회가 없었던 북한주민은 상당한 호기심과 흥미를 가졌다.

그런데 일반 영화나 드라마 외에 성인영화에 대한 호기심은 더욱 높아 굉장한 인기를 누리고 있었다. 이 책에서의 성인영화 시청에 대한 질문에서도 면접참여자의 절반이 넘는 18명이 성인영화를 시청한 적이 있다고 응답했다. 일명 '섹스알'이라 불리는 성인영화 CDR은 북한 장마당에서 일반 남한 영화나 드라마보다 상대적으로 더 비싼 가격에 거래된다.

인기가 있는 성인영화물의 경우 주위에서 빌리거나, 서로 통하는 친한 사람끼리 돌려 보는데 성인영화는 일반 CDR과 비교할 때 2배 정도 비싼 가격에 거래된다. 새로 들어온 것이 있는가 물어보거나 누가 재미있는 것 봤다는 사람이 있으면 가서 빌리는데, 예약을 해서 빌리는 경우도 있다고 한다.

북한에서 성인영화가 인기를 누리고 있는 것은 성인영화에 나오는 남녀간의 성행위 장면이나 내용이 흥미롭기 때문이라고 한다. 그동안 북한 당국의 엄격한 감시와 통제 아래에서 인간의 기본적 욕구를 억압당한 채 살아온 북한주민들에게는 그 같은 자유로운 표현이 상상하기 어려운 것이라고 한다.

> 한국은 결혼을 하면 따로 나가 살든지, 같은 집에 살아도 방이 분리돼 있다. 그런데 북한의 일반 가정집에는 방이 분리돼 있지 않으니까 그러한 자유로운 성행위를 생각하지 못한다. 옆집에서 하는 말소리도 다 들릴 정도다(면접참여자 24).

— 인간의 기본적인 욕구를 억제하는 사회

이러한 성인영화 역시 일반 주민보다 간부들이 더 쉽게 접하고 있다. 「면접참여자 1」의 경우 보위부 소장과 지도원 등과 함께 '껄떡쇠'라는 성인영화를 함께 시청했다고 한다. 당시 「면접참여자 1」은 전문학교에 다니는 여학생이었는데 간부가 호출을 해 교실에 들어갔는데 거기에서 이 영화를 거의 반강제적으로 함께 보았다고 증언한다. 우리로서는 인권 차원에서 심각한 문제가 있는 것이지만 그러한 불합리한 상황에서도 저항하지 못한 채 그냥 영화를 봐야만 했다고 한다.

그런데 더욱 주목할 점은 그러한 성인영상물에서 조차 자유주의와 문화 충격을 경험했다는 점이다. 이는 인간의 기본적 욕구를 억제 당했던 북한주민에게 아주 작은 정보라 할지라도 외부 정보와의 접촉이 얼마나 큰 충격이 될 수 있는가를 잘 보여주는 사례라 할 수 있다. 특별한 내용이 없이 처음부터 끝까지 그저 남녀간의 성행위를 주로 다루고 있는 성인오락물에 지나지 않지만 그러한 것을 자유롭게 제작해 유통하고 인간의 본능을 마음껏 표출할 수 있다는 점 그 자체가 바로 문화적 충격으로 다가왔다고 한다.

> 그런 것이라도 안 봤으면 남한에 못 왔을 것이다. 결정적인 역할을 했다고 본다. 성관계를 하는 영화를 보고 까무러칠 뻔했다. 처음부터 끝까지 남녀간 성행위 장면이었다. 그래도 그것이 바로 자유주의라는 생각이 들었다(면접참여자 1).

■ 자본주의는 다 저렇구나?

북한주민들은 성인영화의 제작이나 유통이 자본주의 사회이기 때문에 가능한 것이라 생각한다. 「면접참여자 3」의 경우는 군부대 외화벌이 일꾼으로 일했는데 여러 지방을 돌아다니다가 혜산에서 남한 성인영화 CDR을 구입했다. 처음에는 호기심으로 봤는데 재미도 있었지만 배우가 남한 사람이고 우리말로 나와서 너무 신기했다는 것이다. 무엇보다 자본주의사회니까 이런 것이 통제가 안 되고 유통이 되는가 생각했다고 한다.

「면접참여자 8」 역시 남한 성인영화를 보면서 이런 것을 어떻게 촬영할까 궁금했는데, '자본주의는 다 저렇구나'라고 생각했다고 한다. 「면접참여자 18」은 남편이 구해 온 것을 함께 보았는데 성인영화를 보고 난 후 '자본주의라는 것이 남의 통제 없이 자기가 하고 싶은 대로 하는 것이다'라는 생각을 했다고 한다.

— 성인영화는 일반 영화나 드라마보다 더 가혹한 처벌 대상

그런데 주목할 점은 이러한 남한 성인영화를 보다가 적발되면 일반 남한 드라마나 영화보다 훨씬 더 가혹한 처벌을 받는다는 점이다. 남한 영화나 드라마를 시청하거나 유통하다가 적발될 경우 단속원에게 뇌물 등을 주고 풀려나는 경우가 있지만 성인영화나 불법음란물은 절대 이러한 봐주기가 통하지 않는다고 한다.

제 4 장

남한 영상매체의 확산과 북한 당국의 대응

1

남한 영상매체를 시청하다 적발되면 어떻게 될까?

북한주민 사이에 남한 영상매체 유통이 급속히 확산되고 옷차림이나 말투 등 문화적 변화가 확산됨에 따라 북한 당국은 이를 강력히 통제하고 있다. 장마당을 통해 남한 영화나 드라마 CD, DVD가 유통되는 등 외부 정보가 빠른 속도로 확산되고 있어 북한 당국은 시장이 자본주의 황색 바람의 통로 역할을 하고 있다고 판단한 것이다.[25] 북한주민이 남한 드라마나 영화를 보면 한국에 대한 환상이 생길 수 있다는 것을 우려해 철저히 단속하고 있다.

그런데 이미 북한주민 사이에 널리 유통되고 있는 남한 영상매체의 시청을 단속하는 데는 한계가 있다. 무엇보다 당의 통제기반이 약화된 상황에서 단속원의 경우 뇌물을 받고 단속을 무마해 주는 경우도 있다. 남한 영상매체의 유통에 대한 북한 당국의 대응과, 통제와 이완 사이에서 나타나고 있는 균열이 어느 정도인지 살펴보자.

1. 기술적 통제: 땜질로 채널 고정하기

TV방송의 경우는 남한과 북한의 송출방식이 달라서[26] 라디오와 같이 납땜을 할 필요가 없었으나, 북·중 국경 지역에서는 북한과 동일한 팔(PAL) 송출 방식인 중국 TV방송을 차단하기 위해 보안소에서 TV 채널을 조선중앙TV에 맞추고 납땜을 하는 방식으로 접근을 차단한다.

평안북도와 함경북도 등 국경 지역 북한주민이 지상파로 중국 TV를 시청하는 것을 막기 위해 북한 당국은 채널을 조선중앙 TV에 맞춰놓고 봉인을 하는 것이다. 또한 텔레비전을 구입하면 반드시 관할지역 보안소에 가서 등록 과정을 거치도록 하는데 검열 시 등록증이 없으면 회수한다.

— 남한 CD와 전쟁 벌이는 북한 당국

최근 북한 당국은 남한 드라마 CD의 유입과 확산을 막기 위해 적발 시 엄벌한다는 포고문을 발표하는 등 남한 CD와 전쟁을 벌이고 있다. 이를 위해 비사회주의 그루빠[27]가 조직돼 남한 드라마 CD 단속을 강화하고 있다. 평양을 비롯한 북한 전역에서는 "인민반 사업을 더욱 개선 강화하자"라는 교양자료에 따른 강연을 하며, "이색적인 사상 요소나 생활 풍조가 내부에 스며들지 못하게 함으로써 혁명의 수뇌부의 안전과 사회주의 제도를 더욱 믿음직하게 보위할 것"을 강조하고 있다고 한다.[28]

— 리모컨을 이용해 다른 채널 시청

하지만 당국의 이러한 통제에도 북한주민은 다양한 방법으로 남한 방송을 시청하고 있다. 채널을 돌리지 못하게 봉인한 것은 리모컨을 구입해 이용하거나, 아예 텔레비전을 하나 더 구입해 보안소에 신고하지 않고 숨겨두고 보는 방법 등이다.

또한 북한의 전기 사정이 좋지 않아 전기 공급이 잘 안되기 때문에 자동차 배터리를 연결해 시청한다고 한다. 이 경우 남한 드라마를 보기 위해 돈을 주고 전기를 사는 일도 벌어지고 있다.

2. '엄중한 처벌'과 '뇌물을 통한 뒷거래' 사이에서

우리는 면접참여자들에게 남한 영상매체를 시청하거나 유통시키다 본인이 직접 처벌받은 경우나 주변에서 처벌받은 사례를 본 적이 있는가라는 질문을 했다. 이에 대한 응답자들의 진술을 통해 밝혀진 북한 당국의 '처벌'과 '봐주기' 사례를 살펴보자.

가. 단속 형태 및 처벌 사례: 추방, 노동단련형, 8년형, 12년형, 종신형, 사형

북한당국은 자본주의 시장경제 공세를 자유화 바람이나 황색 바람으로 규정하면서 체제 유지를 강화해 왔다. 북한 형법(2004년 4월 개정) 제6장은 사회주의 문화를 침해한 범죄를 다루고 있는데 그 내용은 퇴폐적이고 색정적이며 추잡한 내용을 반영한 음악, 그림, 사진, 도서, 녹화물과 유연성 자기원판 CD-ROM 같은 기억매체를 허가 없이 다른 나라에서 들여왔거나 만들었거나 유포한 죄(193조)를 열거하고 있다. 또한 반국가 목적 없이 공화국을 반대하는 방송을 체계적으로 들었거나 삐라, 사진, 녹화물, 인쇄 유인물을 수집 보관 유포한 자(195조)는 5년 이하의 징역에 처하도록 했다.29

가택 수색, 검열 비사그루빠, 위장 단속

북한 당국은 남한 영상매체의 유입과 확산을 막기 위해 단속을 강화하고 있다. 단속은 가택 수색이나 검열 비사그루빠 활동을 통해 이뤄진다. 특히 중국 접경 지역의 경우 탈북을 시도하기 위해 모여드는 사람들을 단속하기 위해 숙박 검열을 하는데 이 때 남한 영상매체 시청이나 소유 등에 대한 단속이 이뤄진다. 주변에서 다른 사람이 신고만 해도 가택 수색을 당한다.

북한 내부 정세 불안이나 남북한 간의 긴장 고조, 집중 검열 기간 등 경비가 특별히 강화될 때는 숙박 검열이 집중적으로 이뤄지기도 하는데 이 경우는 거의 가택 수색에 가까울 정도로 철저히 수색을 한다. 또한 365일 거의 검열이 없는 날이 없다고 증언했는데, 그루빠 검열이 끝나면 도당 검열, 보위부 검열 등이 있었다고 한다. 특이한 점은 당 간부들의 집에는 숙박 검열이 없어 발각될 우려가 적기 때문에 오히려 당 간부 집에 가서 남한 영상매체를 시청하는 경우가 많다는 점이다.

2006년에 중국에 갔다가 들어오는 길에 남한 CD를 가지고 들어왔다. <남자의 향기>라는 드라마였는데 간부 집에서 함께 봤다. 간부를 잘 사귀어 놓으면 오히려 단속 걱정 없이 볼 수 있다(면접참여자 17).

— 보안소에서 위장 검열원, 함정 단속

검열 그루빠는 무리를 지어 움직이는데 한 그루빠의 인원은 약 100명 정도이며 이러한 그루빠가 지역마다 5-6개 정도 운영된다고 한다. 또한 단속을 위해 일반주민을 가장한 함정 단속도 있다고 한다. 「면접참여자 19」의 경우 자신이 알고 있는 친구가 함정 단속에 적발돼 교화형을 받았다고 증언했다.

원산에서 남한 CDR을 가지고 오는 친구가 있었는데, 보안소에서 위장을 한 검열원에게 적발됐다. 아가씨를 붙여서 진짜 좋은 것을 사겠다고 접근한 뒤 들어가서 단속했다. 그 다음부터 사람들이 겁을 많이 먹었고 CDR 값도 한동안 떨어졌다(면접참여자 19).

— 노동단련형 사례

북한 당국의 적발은 북한 내부 상황이나 단속원의 실적 여부에 따라 처벌이 달라지는데, 조사 결과 중 가장 처벌 수위가 낮은 경우는 노동단련형이었다. 「면접참여자 24」는 남한 드라마를 시청하다 보위부에 적발됐는데 단속원의 실적 때문에 자신이

표적이 돼 강제노동 6개월 형을 선고받았다고 한다. 「면접참여자 28」도 남한 방송을 보다가 적발돼 텔레비전을 압수당하고 보안소 감옥에서 일주일 정도 있다가 강제노동 5개월 형을 받았다고 한다.

「면접참여자 26」은 앞집에 사는 사람이 남한 드라마를 시청하다 적발된 사례를 증언했다. 남한 영상물을 보다가 적발된 어떤 사람이 앞집 여자에게서 CDR을 전달받았다고 자백하는 바람에 가택 수색을 당하고 노동단련형을 받았다고 한다.

> 우리 집 앞에 사는 여자가 갑자기 가택 검열을 받고 안전부에 끌려갔다. 안전부에 들어가서 고초를 당했다고 한다. 그 집이 장사를 했는데, 어떤 사람이 CDR을 보다가 잡혀 그 여자한테서 얻었다고 자백하는 바람에 가택 수사가 이뤄진 것이다(면접참여자 26).

「면접참여자 27」은 녹화기로 남한 드라마를 보다가 갑자기 정전이 돼 재생중인 CDR을 꺼내지 못한 채 적발되는 바람에 노동단련형을 받았다고 한다.

― 징역형이나 사형까지 이르게 되는 경우

남한 영상매체를 시청하다 적발되면 경우에 따라서는 노동단련형에 그치지 않고 징역형이나 심하게는 사형에까지 이르기도 한다. 「면접참여자 2」가 증언한 주변 이웃의 사례를 보면, 이 사람들은 안전부와 보위부를 끼고 남한 CDR을 파는 장사를 했다고 한다. 평소 그들과 친하게 지내는 사이였는데, 주변에서 누군가 신고를 해 적발됐고 이후 7년형을 선고받았다고 한다.

취조 과정에서 ○○군 예심과장(○○군 일반범죄자들을 관할하는 직위)은 뇌물을 받고 봐주었는데, 이같은 사실을 안 주민들이 다시 신고를 해서 결국 뇌물을 받은 과장도 해임되고 당사자는 7년형을 받았다고 한다. 이후 함경북도 ○○○교화소에 수감돼 가족들이 면회를 가기도 했다고 한다.

「면접참여자 10」의 경우도 이웃의 사례를 증언했는데, 당시 ○○시 사회급양지배인(시에 있는 식당들을 관할하는 지배인)의 딸이 남한 드라마를 시청하다 잡혀갔다고 한다. 특히 남한 드라마를 보고 춤을 따라 하기도 하고, 친구들끼리 모여 생일날 촛불을 끄고 소원을 비는 행동 등을 하다가 결국 적발됐다는 것이다. 형을 10년 정도 받았는데, 그 어머니가 감옥에서 빼오기 위해 지금도 돈을 계속 보내고 있다고 한다.

남한 드라마나 영화 시청을 전파하거나 영상매체를 대량으로 소유할 경우 그 형량은 더욱 높아지는데, 이러한 죄목으로 결국 사망에 이른 사례가 있다. 「면접참여자 18」의 경우 가택 수색을 당했는데 남한 영화인 <장군의 아들>과 <검은 장미> CD가 발각돼 남편이 잡혀갔다고 한다. 검찰소에서 3개월 동안 취조당한 후 보위부로 넘어갔고, 보위부에서 다시 6개월 동안 취조를 받고 관리소로 넘겨졌다.

이 과정에서 보위부원이 「면접참여자 18」에게 '남편을 총살하지 못해 정치범 수용소로 넘기는 것이니 다시는 볼 생각 말라'고 했다고 한다. 실제로 「면접참여자 18」의 남편은 '비법선전물 배포 혐의'로 종신형을 선고받았고 정치범 수용소에 옮겨진 후 3년이 지나서 사망했다고 한다.

> <장군의 아들>, <검은 장미>를 보다가 가택 수색을 당했다. 녹화기와 수상기를 모두 회수당하고 남편이 잡혀갔다. 검찰소에 가서 취조를 3개월 받았다. 취조 후 보위부로 넘어갔다. 보위부에서 다시 6개월 취조를 받고 관리소로 넘겨졌다. 그 후 종신형을 받고 정치범수용소로 옮겼는데, 3년 후에 사망했다는 연락을 받았다. 죄목은 비법선전물 배포 혐의였다. 총살을 하지 못해 데리고 가는 것이라고 보위부 사람이 말했다. 반탐과장을 찾아가 가정을 가진 여자인데 아이들에게 아버지가 있어야 한다. 제발 한 번만 봐 달라고 사정을 했다. 중국 담배(장백산) 10보루를 주니까 그것은 받으면서 처리는 안 했다(면접참여자 18).

남한 영상매체를 단순히 시청하는 정도가 아니라 이를 대량으로 유포한 사람은 결국 총살에 이르게 되는 사례를 확인할 수 있었다. 「면접참여자 25」의 경우 원산에 사는 지인이 발전발동기에 컴퓨터를 연결해 CD를 복제해 판매하다가 적발돼 사형을 당했다고 한다.

「면접참여자 2」도 2008년에 주변에서 총살당한 사례를 증언하고 있는데, 교원이 돈을 받고 남한 영상물을 복사하고 유통시키다 적발돼 총살됐다고 한다.

> 2008년도에 ○○수재학교 컴퓨터 교원이 돈을 받고 한국 드라마와 중국 음란물을 복사해 공개적으로 돌렸다. 일반 사람들 50-60명이 다 봤다. 적발돼 고문을 당하고 그 이후 **총살됐다**(면접참여자 2).

이외에도 직접적인 처벌은 아니더라도 남한 영상매체 시청으로 인해 심각한 피해를 당한 사례도 있다. 「면접참여자 10」의 경우는 조카가 남한 영상매체를 통해 익히게 된 남한 말투를 사용해 결국 죽음에 이른 경우다.

「면접참여자 10」의 조카는 할아버지가 남한 출신이라 어릴 때부터 남한 방송을 많이 보면서 남한을 동경했다고 한다. 남한 영상매체를 통해 말을 배워 남한 말투에 익숙해졌다. 그런데 군대에 가서 훈련을 받던 중에 남한 말투를 썼다고 소대장이 각목으로 머리를 내리쳐 큰 부상을 당했다. 결국 머리를 크게 다쳐 정신이상 증세를 보여 제대했고 탈북하기 직전까지 정상적인 생활을 하지 못하는 것을 목격했다고 증언했다.

절대 봐주지 않은 남한 성인영화와 음란물

앞서 언급한 바와 같이 일반 드라마나 영화 외에 성인영화를 보다 적발될 경우는 처벌의 강도가 훨씬 높다. 남한 영화나 드라마를 보다가 적발되면 돈이나 뇌물을 주고 풀려나는 경우가 있지만 음란물이나 성인영화를 보다가 발각되면 거의 예외가 없다고 한다. 「면접참여자 9」의 경우 자신이 속한 구역 당 지도원이 음란물을 보다가 현장에서 적발돼 징역 8년형을 선고받았다고 한다.

> 남한 영화나 드라마는 대체로 돈을 주고 풀려날 수 있다. 그런데 성인영화나 포르노를 보다가 잡히면 징역 8년으로 이것은 예외가 없다. 구역당 지도원이 중심이 돼 다른 집에서 포르노를 보다가 현장에서 잡혔다. 8년형을 선고받은 것으로 안다(면접참여자 9).

「면접참여자 15」는 자신의 시동생이 음란물을 보다가 적발됐는데 12년 형을 선고받았다고 한다. 남한 드라마를 보는 것 같다고 옆집에서 신고를 해 안전부에 와서 집을 수색했는데 음란물 CDR이 발각된 것이다.

당시에는 돈도 없었고 설령 돈이 있었다 해도 음란물이었기 때문에 쉽게 풀려날 수 없었다고 한다. 자신의 남편이 남한에 와서 700만원을 보냈는데, 형이 남한에 입국한 사실도 당국에서 알게 돼 결코 풀려날 수 없는 상황이 됐다고 한다.

나. 뇌물을 주고 무사히 풀려난 사례

'돈', '고양이 담배'의 위력

남한 영상물을 보다가 적발돼도 검열원이 한 명일 경우는 뇌물을 주고 풀려나는 경우가 많다. 돈이 있으면 풀려날 수 있고 돈이 없으면 그대로 처벌을 받을 수밖에 없다고 한다.

> 솔직히 돈만 있으면 풀려날 수 있다. 특히 단속원이 1명일 때에는 돈만 주면 거의 풀려난다. 하지만 단속원이 2명 이상일 때에는 돈을 주기가 어렵고 서로 눈치를 보기 때문에 단속되기도 한다. 누군가 신고만 하면 가택 수색을 당한다(면접참여자 15).

— 뇌물을 주면 거의 무마된다.

특히 주변에 유포한 혐의가 없고 집중단속기간이나 시범사례를 제외하면, 적발되더라도 뇌물을 주면 거의 무마된다고 한다.

단속에 걸렸다가 뇌물을 주고 풀려난 본인의 사례를 소개하면, 「면접참여자 23」은 집에서 남한 드라마를 보는 중에 단속반원이 들이닥쳤다고 한다. 오랜 시간 재생을 해 녹화기가 열을 받아 뜨거워져서 현장에서 적발됐다. 그런데 당시 돈 3천원과 담배 몇 갑을 뇌물로 주고 단속을 무마했다고 한다.

「면접참여자 26」의 경우는 밤에 친한 사람들과 모여 돈을 주고 전기를 사고 창문을 모포로 가린 채 남한 드라마 <마이걸>을 보았다고 한다. 그런데 출근하고 돌아오니까 비사회주의 그루빠가 집안을 수색해 단속됐고 TV와 CD를 압수당했다. 그런데 인맥으로 당 간부를 내세워 사건을 무마하고, '고양이 담배'[31] 15만 원 어치를 주고 TV도 다시 찾아왔다고 한다.

> 인맥으로 당 간부를 내세워 텔레비전과 CD만 압수당하고 사건을 무마했다. 이례적으로 교화소를 피할 수 있었다. 그 후에 고양이 담배 15만원 어치를 들여서 다시 찾아왔다(면접참여자 26).

— 단속원과 친분이 생기면…

「면접참여자 28」의 경우는 남한 영상매체를 보다가 단속됐는데 오히려 단속원과 친분이 생겨 이후 남한 영상매체를 더 자유롭게 시청한 경우다. 「면접참여자 28」은 자신의 집에 남한 방송이 직접 수신되어 리모컨으로 채널을 맞추어서 보곤 했는데, 시청 후 조선중앙방송으로 채널을 다시 돌려놓은 것이 제대로 바뀌지 않아 다음날 가택 검열에서 적발됐다고 한다. 그런데 조사 과정에서 단속원에게 돈을 주고 친분이 생겨 풀려났다고 한다. 이후 단속원은 자신이 압수한 CD를 「면접참여자 28」에게 빌려주기도 했다고 한다.

> 리모컨으로 채널을 돌려 남한 방송을 수신할 수 있다. 가택 수색에 걸려 조서를 작성하는 과정에서 밥 먹고 술 먹고 100달러 쥐어주고 오히려 인맥이 됐다. 친해지니까 이후부터는 무서울 것이 없었다(면접참여자 28).

「면접참여자 8」의 경우 CDR 밀수를 했는데 CDR을 넘겨받다가 적발됐다고 한다. 3일간 대기실에 들어가 조사를 받았는데 중국인 누구에게 샀는지, 북한 내부에서 어떻게 파는지 취조를 당했다. 그런데 집안에 당국과 연줄이 있어 32인치 텔레비전(약 50만원 상당) 한 대를 뇌물로 주고, 자신이 혼자 보기 위해 구입한 것으로 처리하고 무사히 풀려났다고 한다.

「면접참여자 17」은 집에서 대문을 걸어 잠그고 자동차 배터리에 연결해서 남한 드라마를 보는데 갑자기 보위부원이 들이닥쳤다고 한다. TV를 끄기는 했어도 사람들이 많이 모여 있어서 수색 중에 단속됐다고 한다. 그런데 2007년 당시 30만원을 주고 처벌을 받지 않고 무마됐다고 한다.

성분 좋은 사람 봐주기

뇌물 이외에 가족의 신분 때문에 처벌을 받지 않고 풀려나는 경우도 있다. 「면접참여자 12」의 경우 도에서 나온 그루빠와 단속을 같이 다니는 사람이었는데 자신의 집에 고정된 채널을 다른 곳으로 돌려놓은 것이 적발됐다고 한다. 2006년 당시 3만원을 뇌물로 바치고 사건을 무마했다고 한다. 그런데 당시 같이 단속됐던 앞집 사람의 경우는 뇌물을 주지 않았는데 6·25 때 전사자 가족이라는 점 때문에 봐주었다고 한다.

남한 드라마를 보고 있다가 현행범으로 잡혔다. 그루빠에게 사정을 해 단독으로 처리해 달라고 했다. 3만원을 주고 사건을 무마했다. 그런데 앞집도 같이 단속됐는데 전사자 가족이라 봐주었다. 그 집 아버지가 전사자였는데 그것을 명분으로 압수된 텔레비전도 찾아왔다(면접참여자 12).

이외에 주변 이웃들의 사례를 증언했는데 「면접참여자 7」은 이웃에 사는 사람이 매대를 관리하는 책임자였는데 평소 안전부에 통돼지나 돈을 가져다주고 인맥 관리를 했다고 한다. 만약 단속에 걸리면 대부분 CDR을 압수당하지만 처벌은 받지 않았다고 한다. 자주 단속되는데, 그럴 때마다 물건만 압수당하고 매번 무사히 풀려나왔다고 증언한다.

동네에 있는 사람인데 매대 책임자였다. 여자인데 통이 컸다. 안전부에 통돼지, 돈을 가지고 가 평소에 관리했다. 돈을 얼마 주었는지는 모르지만 단속돼도 CDR만 압수당하고 처벌은 받지 않았다. 자주 걸렸는데 그때마다 물건만 압수당하고 나왔다(면접참여자 7).

유전무죄, 무전유죄: 뇌물로 엇갈린 운명

동일하게 남한 영상매체를 시청하다 적발된 경우임에도 뇌물을 바친 경우와 그렇지 않은 경우의 차이는 「면접참여자 13」의 사례를 통해서 명확히 알 수 있다. 「면접참여자 13」은 자신의 남편과 친구가 남한 영화를 시청하다 보위부 스파이가 신고를 해 단속됐다고 한다. 그런데 남편은 한 달 동안 감금돼 있다가 남편의 형이 돈을 주고 안전부 구류장에서 빼왔다고 한다. 그런데 함께 단속에 걸린 친구는 뇌물을 바치지 못해 감옥에서 나오지 못하고 지금도 소식을 알 수 없다고 한다.

「면접참여자 11」의 경우도 안면이 있고 어느 정도 뇌물을 바치면 무사히 풀려날 수 있고, 그렇지 않으면 처벌을 받을 수밖에 없다고 증언한다.

> 친한 사람 중에 남한 드라마를 보다가 적발돼 100달러에서 많게는 300달러까지 주고 풀려나는 것을 본 적이 있다. 경제적으로 잘 살고 안전부의 직급이 높은 사람과 안면이 있어서 돈을 주고 풀려난 것이다. 그러나 경제적으로 어려워 돈을 바치지 못하는 사람들은 추방될 수밖에 없다(면접참여자 11).

— 단속을 무마해 주고 싶어도 옆 사람의 눈치 때문에…

이같은 사례와 달리 아무리 돈으로 뇌물을 준다고 해도 절대 통하지 않는 경우도 있다. 단속원 중에 북한 체제에 절대적으로 복종하며 당적 지휘를 인정하는 사람의 경우 뇌물이 통하지 않아 재수 없게 처벌을 받을 수밖에 없다는 것이다. 또한 자신은 봐주고 싶어도 함께 단속 나온 다른 단속원의 눈치를 보거나, 사건을 무마해 준 사실이 발각되면 자신에게 더 큰 처벌이 있기 때문에 돈을 줘도 쉽게 봐 주지 않는 경우도 많다고 한다.

검열성원 중에 특별히 돈을 줘도 안 통하는 사람이 있다. 북한 체제에 절대적으로 복종하는 사람이다. 중국이나 인도 영화 CD는 봐줘도, 남한 영화나 드라마 CD는 절대 봐주지 않는다. 풀어줬는데 다른 사람에게 걸려서 서로 군복을 벗는 일이 많아서 절대 봐주지 않는다(면접참여자 1).

제5장

남한 영상매체 시청과 탈북, 그리고 남한 생활

북한에서 본 남한에 대한 환상, 남한에서의 현실은?

1. 남한 영상매체 시청이 탈북에 미친 영향

북한주민은 남한 영상매체 시청을 통해 남한의 발전된 모습을 보고 남한에 대한 환상과 가서 한번 살아봤으면 하는 동경을 가졌다고 한다. 남한 영상매체를 시청하고 그 즉시 탈북을 결행한 경우도 있지만, 대부분의 경우 다른 요인들이 복합적으로 작용했다. 과연 남한 영상매체 시청은 북한주민의 탈북에 어떤 영향을 미쳤을까?

가. 북한주민의 사상적 무장 해제

북한주민들은 남한 영상매체를 지속적으로 시청하면서 북한 당국에게서 교육받은 내용이 거짓이라는 것을 알게 된다. 그동안 자신들이 속고 살았다는 것을 알게 되면서 남한에 대한 동경이 점점 더 커져갔다. 남한 영상매체를 통해 남한의 발전된 모습을 보면서 더 좋고 편안한 곳에 가서 한번 살아봐야겠다는 결심을 굳히게 됐다고 한다.

특히 경제적으로나 자신의 미래를 위해 더 나은 삶을 찾아 남한에 가야겠다고 결심하는 경우가 많았다. 결국 남한 영상매체의 지속적이고 반복적인 시청은 북한주민들이 당에 절대적으로 충성하는 사상적 무장을 해제시키는 기능으로 작용했다고 볼 수 있다.

— 10년간의 당에 대한 충성, 단 1주일만의 변화

「면접참여자 11」의 경우 남동생이 10년간 군복무를 마치고 집에 돌아왔는데 지속적으로 남한 드라마와 영화를 보여주었다고 한다. 남동생은 10년간 군대 생활을 했기 때문에 남한이 잘 산다는 것을 알지 못했고, 무엇보다 당에 대한 충성심이 여전히 강해서 북한 당국의 선전을 그대로 믿고 있었다고 한다.

「면접참여자 11」은 1주일 동안 남동생에게 아무 말도 하지 않고 그저 남한 드라마를 계속 보여주기만 했다고 한다. 남한 드라마를 보여주고 1주일 후에 드라마에서 본 것처럼 남한이 이렇게 잘 사니까 그곳에 가지 않겠냐고 권유했는데, 동생은 처음에는 드라마의 내용을 믿지 않았고 쉽게 탈북 할 결심을 못했다고 한다. 그런데 계속 다른 드라마를 보여주면서 설득했고, 결국 남동생이 남한의 경제적 발전상을 사실로 믿게 되면서 급기야 탈북을 결행하게 됐다고 한다.

남동생이 10년 복무했는데 동생은 남한에 대해 아무것도 모르는 상태였다. 드라마를 보고도 결심을 못했다. 이것은 드라마이지 않느냐, 현실과 맞지 않는다고 말했다. 실제로 자기는 이렇게 배우지 않았다는 것이다. 여기서 살아도 벌레인생과 같으니 한국에 가는 것이 낫다고 주입시켰다. 일주일 동안 설득했다(면접참여자 11).

— 사람이 저렇게도 사는구나…

「면접참여자 15」는 남한 드라마를 보면서 '사람이 저렇게도 사는구나'라고 생각하며 '나도 저렇게 한번 살아봐야겠다'라는 마음에 탈북을 결심하게 됐다고 한다. 「면접참여자 17」은 평소 장마당에서 한국산 비누를 보고 일본 제품과 질이 비슷해 한국이 잘 산다고 생각했다고 한다. 그러다가 남한 영화에 등장하는 여배우들의 피부를 보면서 정말 남한이 잘 산다는 것을 실감하게 됐고 남한에 가고 싶다는 생각을 했다고 한다. 「면접참여자 18」역시 남한 드라마를 보면서 한국의 발전상을 알게 됐고 한국에 가서 살고 싶은 마음에 탈북을 결행한 사례이다.

> 드라마에 나오는 장면 하나 하나가 모두 한국이 발전된 모습을 보여주었다. '정말 살기 좋은 나라구나, 한국에 가야겠다' 하고 생각했다. '저들은 생활수준이 높고 사람다운 생활을 하는데, 같은 땅에 같은 사람인데 우리는 왜 짐승처럼 살아야 하는가'라는 생각이 들었다. 그때부터 한국에 가야겠다고 생각했다. 어린 아들(14살)도 한국에 가야 발전한다고 말했다(면접참여자 18).

— 마음대로 공부할 수 있는 것이 부러웠다

「면접참여자 23」은 남한 드라마에 나오는 내용 중 마음대로 공부를 할 수 있다는 점이 탈북을 결행하는 요인이 됐다. 평소 한국을 동경했는데 드라마에서 보니까 공부를 마음대로 할 수 있다는 것이 부러웠다고 한다. 풍족한 것도 좋지만 공부를 많이 할 수 있는 분위기가 좋았다는 것이다.

> 평소 남한을 동경하며 거기에서 살고 싶다는 생각을 했다. 아버지가 한국 것이라면 개똥도 좋아 보이냐고 할 정도였다. 생활이 풍족한 것도 있겠지만 공부를 많이 하는 분위기가 좋았다. 북한에서는 공부할 필요성을 못 느꼈다. 대학 나온 친구들도 별 다를게 없고 먹을 게 없어서 교수들도 장사를 해야 했다. 의대에 가고 싶어도 아버지 사업도 잘 안 되고 못 갔는데 남한 드라마 보니까 젊은 사람들이 공부하고 아는 것도 많고 그런 분위기가 부러웠다. 컴퓨터를 잘 다루는 것도 좋아 보였다(면접참여자 23).

나. 남한 생활에 대한 두려움 해소

외부 정보의 단절로 인해 북한주민은 남한에 대한 왜곡된 정보를 갖고 있다. 예를 들어, 만약 탈북에 성공해 남한에 입국한다 해도 국정원 등에서 자신들을 또 다시 감시하고 언젠가는 죽여 버릴지도 모른다는 왜곡된 정보로 인해 쉽게 남한행을 결심하지 못했다. 이러한 상황에서 남한 드라마나 영화는 탈북과 남한 생활에 대한 두려움을 해소하는 계기가 됐다고 한다.

─ 드라마 〈카인과 아벨〉에 나오는 탈북자의 모습을 보며…

「면접참여자 29」는 중국에 있는 친척집에 놀러 갔다가 기간이 늦어져 북한으로 돌아가지 못했다. 거기에서 남한 드라마 〈카인과 아벨〉을 시청했다고 한다. 북한에 있을 때 친구가 먼저 보고 권해주기도 했던 드라마였는데 중국에 있을 때 다시 보게 된 것이다.

「면접참여자 29」는 평소 남한 드라마나 영화를 보면서 한국이 잘 산다는 것은 알았지만, 북한 사람들이 한국에 가면 대우를 받으며 살 수 있을까 의문을 가졌다고 한다. 한국이 너무나 잘 살기 때문에 북한주민이 가면 살 수 없을 것이라고 생각했다는 것이다. 또한 한국에 가면 잘못될 수 있다는 의심도 있었다고 한다. 심지어 한국에 가면 몇 년 정도 있다가 탈북자를 죽인다는 소문도 들었다고 한다.

> 한국이 잘 산다는 것을 알았다. 그런데 한국에 가면 국정원에서 몰래 사람을 마취해놓고 복사뼈 밑에 녹화장치를 넣는다, 그리고 몇 년 후에는 몰래 죽인다는 말을 들었다. 남한에 와서 8개월 정도 생활하면서 그게 아니구나 생각했다(면접참여자 29)

「면접참여자 19」 역시 한국에 가면 몇 년 후에 죽여 버린다는 왜곡된 정보를 갖고 있었다.

강연회에서 한국의 경제는 괜찮지만 머리 상태가 황색 바람의 머리 상태고 실업자와 빈익빈 부익부가 심하다고 교육받았다. 한국에 간 사람들을 생활을 보장해준다고 데리고 가서는 몇 년 후에는 죽여 버린다는 말을 들었다. 안쪽 사람들은 한국이 좋구나 생각만 하지, 가면 잘못된다는 생각을 많이 한다(면접참여자 19).

이처럼 잘못된 정보를 갖고 있다가 드라마 <카인과 아벨>을 보게 됐는데, 그 드라마에서 북한 여자가 한국에 가서 잘 살고 있는 내용을 보면서 한국에 가도 자유롭게 살 수 있다는 생각을 가지게 됐다고 한다.

<카인과 아벨>에서 보면 한 여자가 한국에 넘어왔다. 거리에 나가 자기 생활을 찾지 못해 방황하는 장면도 있었다. 그런데 점점 행복해하는 모습을 보게 되고 나중에 남자를 만나 좋게 결말을 짓는 내용이었다(면접참여자 29).

다. 탈북을 결행하는 촉매제 역할

— 남한 실상을 알게 되는 계기

북한주민은 남한 실상을 잘 알지도 못했고, 오히려 당국의 선전으로 잘못된 정보를 갖고 있다. 그런데 남한 영상매체를 통해 남한의 발전된 모습과 남한 생활에 대한 두려움을 해소하게 됐고, 이를 통해 탈북을 결심하는 계기가 됐다는 것이다. 남한 영화나 드라마를 안 봤다면 절대 탈북을 결행하지 못했을 것이라는 응답자도 있었다. 결국 남한 드라마나 영화 시청은 탈북을 결행하는 촉매제가 됐다고 볼 수 있다.

> 남한 영화를 안 봤으면 절대 남한에 못 왔을 것이다. 나에게는 결정적인 역할을 했다(면접참여자 1).

「면접참여자 7」의 경우도 영화 <공공의 적>을 보면서 주인공이 차를 타고 지나가는 길에 나타나는 건물이나 사람들 옷 입은 모습을 보면서 '저 곳이 바로 자유의 나라구나'라는 생각을 했다고 한다. 남한 드라마나 영화를 통해 남한의 실상을 알게 됐는데, 아마도 이러한 것을 깜깜하게 몰랐다면 결코 남한행을 결심하지 못했을 거라고 고백한다.

「면접참여자 3」은 남한 드라마를 처음 보고 마음이 흔들렸는데 장사를 위해 중국에 왔다가 교포들에게 남한이 잘 산다는 이야기를 듣고 결국 남한행을 선택했다고 한다. 「면접참여자 20」 역시 남한 영화나 드라마를 보고 남한에 가고 싶다는 마음이 들었다고 한다. 그러던 중 부모님이 감옥에서 사망했다는 통지서를 받고 더 이상 북한에서 살 이유가 없어 이틀쯤 고민하다가 확신이 들어서 바로 넘어왔다고 한다.

원래 북한에 대한 반발심이 있었는데 김정일보다는 당 간부들
이 나쁘다고 생각했다. 남한 정세를 알았기 때문에 빨리 여기
를 뜨고 싶다고 생각했다. 남한 드라마가 많은 영향을 줬다.
영화나 드라마를 보고 가고 싶다는 마음이 들었다. 부모님이
감옥에서 사망했다는 통지를 받고 나니 더는 거기에서 살 이유
가 없었다. 이틀쯤 고민하다가 확신이 들어서 바로 넘어왔다
(면접참여자 20)

라. 먼저 탈북한 가족의 권유

남한에 먼저 입국한 가족을 통한 확신

최근 탈북자들의 경향을 보면 자신이 먼저 남한에 입국한 후 남아 있는 가족을 탈북 시키는 사례가 증가하고 있다. 남한 영상매체를 시청한 후 남한을 동경해 곧바로 탈북을 결심하는 경우도 있지만, 한 번 더 고민하게 되고 확신을 갖지 못할 경우 탈북을 망설이게 된다. 그런데 이들을 실제 행동으로 옮기게 만든 것은 바로 먼저 한국에 입국한 가족들의 권유였다.

━ 남아 있는 가족들을 모두 데리고…

남한 영상매체를 시청한 후 남한에 동경을 갖고 있으나 쉽게 결심을 못하고 반신반의하던 중에 한국에서 가족이나 친척들이 연락이 오면 그때 탈북을 결행하게 된다. 「면접참여자 4」는 남한 방송을 보고 남한이 잘 사는 것은 알았지만 쉽게 결심을 못

하다가 남한에 먼저 간 언니의 권유를 받고 언니의 자녀들까지 모두 데리고 탈북했다.

> 남한 방송을 보고 남한이 잘 사는지 알고 있었지만 남한에 가야겠다는 생각은 쉽게 하지 못했다. 그러던 중에 언니에게서 연락이 왔다. 처음에는 언니가 중국에 있는 줄 알았는데 남한에 갔다고 해서 나도 결심하게 된 것이다. 여기에서 죽을 바에는 모험을 하자고 생각했다. 언니네 아이들까지 다 데리고 왔다 (면접참여자 4).

― 남한에 대한 반신반의, 탈북을 망설이던 중…

「면접참여자 5」의 경우도 남한 드라마를 보고 남한이 잘 사는지 알고 있었지만 탈북을 망설이던 중에 남한에 먼저 간 동생이 연락해 탈북을 결행한 사례이다. 「면접참여자 5」는 중국을 오가면서 남한이 잘 산다는 소문을 들었지만 반신반의했다고 한다. 그러던 중에 남한 드라마를 보면서 이를 직접 확인하게 됐고, 마지막에는 동생에게 연락을 받고 남한이 잘 살고 탈북해도 문제가 없겠다는 생각을 했다고 한다.

「면접참여자 2」의 경우 가족들이 남한 드라마를 함께 본 후 가족 전체가 탈북을 결심하게 된 경우다. 「면접참여자 2」가 평양에 있는 자녀의 집을 방문했는데 거기에서 딸, 사위와 함께 남한 드라마를 보고 탈북을 생각했다고 한다.

평양에 있는 딸집에서 남한 드라마를 같이 봤다. 딸, 사위 모두 국경 지방에 가봐서 남한에 대해 어느 정도는 알고 있었다. 같이 남한 드라마를 보는데 사위와 딸이 내게 '북한이 내리막길을 걸었다. 더 솟아날 구멍이 없다. 썩을 대로 썩었으니 빨리 가라'고 권유했다. 그때 나는 너희가 젊으니 먼저 가라고 권했다(면접참여자 2).

— 남한 드라마를 보고 갖게 된 확신:
　나무로 지피는 불 Vs. 가스 불

「면접참여자 6」의 경우는 이모가 먼저 남한에 와서 탈북을 권유한 사례. 이모와 전화 통화를 하면서 남한이 살기 좋으니까 탈북하라는 권유를 받았다. 그런데 선뜻 탈북을 결심하지 못하고 그냥 1년을 보냈다고 한다. 그러던 중에 남한 드라마를 봤는데, 북한에서는 나무로 불을 지피는데 반해 드라마에서 보면 가스불을 사용하는 것을 보고 충격을 받았다고 한다. 결국 이모가 다시 연락이 왔을 때 남한행을 결심했다고 한다.

남한 드라마를 보면서 북한과 너무 다르다는 생각을 했다. 집도 대부분 아파트고 집집마다 화장실, 목욕탕이 있는 것을 봤다. 우리는 물도 길어 먹는 때가 많고 그나마 안 나와서 한참 걸려 다른 지역 우물에 가서 물을 길어 와야 했다. 북한에서 우리는 나무로 불을 지피는데 남한 드라마에 가스불을 켜는 것을 보았다. 남한 사람이 잘 산다는 것을 드라마를 보고 알게 됐다. 이모에게서 다시 연락이 왔을 때는 남한에 가겠다고 했다(면접참여자 6).

이처럼 가족이나 친척 등 먼저 탈북한 사람들의 권유는 남한 드라마를 통해 간접적으로 확인한 남한의 발전된 모습을 다시금 사실로 인식하게 하는 기능을 했다.

> 남한 드라마나 문화를 '황색 바람'이라 해 들어오지 못하게 철저히 단속한다. 남한 드라마를 보면서 남한 사회가 이렇구나라는 생각을 했다. 북한 사회가 폐쇄된 사회이면서 모델 하나를 잘 꾸며서 사는 것처럼 선전하니까, 남의 나라도 다 우리와 같을 것이라 생각했다. 탈북한 사람들의 말이 선전이 아니라 진실이라 믿게 돼 탈북하게 됐다(면접참여자 14).

2. 북한에서 본 남한 영상매체 내용과 한국 입국 이후 현실

가. 남한에 대한 '환상'과 '현실'의 차이

날이 갈수록 무서워지는 남한 사회

북한주민은 남한 영상매체를 시청하면서 자신들의 처지와 남한의 발전된 모습을 비교하게 됐고 남한 생활에 대한 환상을 갖게 됐다. 남녀간의 자유로운 교제, 집집마다 놓인 화장실, 거리를 가득 메운 차량, 하얀 피부 결을 가진 사람들…. 이러한 환상과 동경을 안고 남한에 온 후 이들은 과연 어떤 생각을 하게 될까? 환상과 동경은 여전히 희망으로 남았을까?

— 남한에 대한 환상이 절망으로…

먼저 남한에 대한 '환상'이 실제 남한 생활과정에서 겪는 어려움으로 인해 깨지는 사례를 살펴보자.

「면접참여자 2」는 남한 드라마를 보면서 남한에 가는 것이 소원이었고 날개가 있으면 날아서라도 남한에 가고 싶어 했다. 하지만 정작 하나원을 나온 직후부터 두려움이 몰려왔고 날이 갈수록 오히려 무섭다는 생각까지 든다고 한다.

> 중국에 있을 때만 해도 드라마를 보면서 '한국에 빨리 가야지, 어떻게 하면 빨리 갈 수 있을까, 날개가 있으면 날아가야지' 할 정도였다. 하지만 하나원 나오니까 근심이 많아졌다. 너무 황홀하게만 생각했다. 돈도 많이 벌 줄 알았는데…. 1년이 지났는데 날이 갈수록 무섭다는 생각이 든다. 남한은 토대가 있는데 우리에게는 아무것도 없다는 것을 실감한다(면접참여자 2).

「면접참여자 3」도 드라마에서 본 것보다는 훨씬 힘든 삶이라고 고백한다. 무엇보다 남한에서 인맥관계가 없다는 점이 너무 힘들다고 한다.

> 드라마에서 보는 것과는 많이 차이가 난다. 한마디로 고독하다. 여기는 모든 사람들이 장사에 대해 다 아는데 나만 모르는 것 같다. 인맥관계 없으니까 아무것도 할 수가 없다는 생각이 든다(면접참여자 3).

── 북한은 막 살기 좋고, 남한은 살기 힘들다

「면접참여자 4」는 드라마를 보고 남한에만 가면 치마폭에 돈이 막 들어올 것으로 생각할 정도로 돈을 많이 벌 수 있을 것으로 생각했다고 한다. 하지만 남한에 와서 부딪혀 보니 생각했던 것과는 달리 생활이 너무나 어렵다는 것을 깨달았다고 한다.

> 생각보다 너무 다르다. 북한은 막 살기 좋고, 남한은 살기 힘들다. 북한은 장사를 했으면 내 품에 어지간히 돈이 있으면 나가는 돈이 없으니까 강냉이를 먹어도 길게 잘 살 수 있는데, 여기에는 100만원을 벌어도 단 한 달이라도 쉬면, 학원비, 세금, 보험료, 월세, 관리비 등을 못 낸다. 항상 생각이 근심과 걱정으로 가득 차 있다. 과도기라 생각하고 잘 살 날이 있겠지 하지만 그때보다 힘들다. 남한에만 가면 치마폭에 돈이 막 들어오는 줄 알았다. 현실과 너무너무 다르다(면접참여자 4).

또한 눈앞에 보이는 것은 좋아도 정작 돈이 있어야 내 것이 된다는 사실을 깨닫게 되면서 남한 생활이 결코 드라마에서 보는 것처럼 쉽지 않음을 고백한다.

> 북한에서는 내 머리 하나 가지고도 잘 살 수 있다. 나보다 못사는 사람이 많으니까 거기 눌러앉아 고리대금 해도 목숨 하나 유지할 수 있지만 여기에서는 식당 홀 서빙으로 12시간 일해도 큰 돈이 안 된다. 눈앞에 보이는 것은 좋지만 돈이 있어야 내 것이 된다(면접참여자 3).

「면접참여자 20」의 경우도 남한에 가면 잘 살 수 있을 거라는 환상을 갖고 있었는데 생각했던 것보다는 훨씬 더 힘들다고 고백한다. 북한보다 살기는 좋지만 돈 버는 게 힘이 든다는 것이다. 드라마를 볼 때는 조금만 노력해도 잘 살 수 있는 것처럼 보였는데 정작 현실은 그렇지 않다고 한다.

나. 환상과 동경이 그대로 희망이 되는 경우

드라마에서 본 환상이 현실로

앞선 경우처럼 환상과 희망이 좌절과 절망으로 바뀌는 것이 아니라 남한에서의 생활이 그대로 희망이 되는 경우를 살펴보자. 북한에서 남한 드라마나 영화를 보고 남한에 대한 환상을 갖고 동경했는데 남한 생활에서도 별로 차이를 느끼지 못하고 희망적인 삶을 살아가는 사례이다.

「면접참여자 7」은 남한 드라마를 보면서 평민도 그렇게 잘 살 수 있을까 의심하기도 했는데 남한에 와서 보니 자기만 노력하면 얼마든지 돈을 벌 수 있어 근심하지 않는다고 한다.

> 자기가 원하는 것은 언제든지 장만할 수 있고 먹고 싶은 것, 사고 싶은 것 마음대로 할 수 있어 좋다. 일하고프면 일하고 먹고 싶으면 먹고…. 복지시설도 얼마나 잘 됐으면 우리를 이렇게 지원해주는가 생각한다. 북한에서 남한 드라마 볼 때는 평민도 저렇게 잘

살 수 있나 의문이 들었지만 와서 보니 자기만 노력하면 벌 수 있으니 근심할 것이 없다. 모든 것이 다 자기 노력에 달려 있다(면접참여자 7).

― 여성들이 자동차를 운전하는 것이 너무 부러웠어요

「면접참여자 8」은 드라마에서 여성들이 자동차를 직접 운전하는 것을 보고 너무 부러웠는데 남한에 와서 운전면허를 따고 직접 차를 몰 수 있게 돼 너무도 기쁘다고 말한다. 또한 어디를 가도 여성이 남성보다 더 많은데 북한과 비교하면 상대적으로 여성이 존중 받는다는 것이 더 없는 행복이라 고백한다.

내가 제일 하고 싶어 했던 것이 차를 모는 것이었는데 이렇게 면허도 따고 운전을 하니 지금 후회가 없다. 드라마에서 보는 침대 생활도 너무 부러웠는데 여기에서 침대 생활을 하니까 좋다. 쇼핑하는 것도 꿈만 같다. 샀던 것을 그냥 물리기도 하는 것이 신기하다. 식당 가면 남자들보다 여자들이 더 많다. 북한에서는 밥상에 여자들이 앉지도 못한다. 아무데나 가도 여자들이 더 많고, 자유로운 것이 느껴진다. 여자들을 존중해 주니까 좋다(면접참여자 8).

― 썩고 병든 사회, 자본주의?

「면접참여자 15」는 북한에서 자본주의가 썩고 병든 사회라고 배웠는데 막상 남한에 와서 보니 복지시설이 오히려 사회주의와 비교도 안 될 만큼 좋고, 일만 열심히 하면 정말 살기 좋은 사회라는 생각을 했다. 드라마에 나오는 내용과 실제 생활이 별로 차이가 없었는데, 단 하나 남한 사회가 빈익빈 부익부가 심하다는 것만은 사실인 것 같다고 한다.

북한에서 드라마를 볼 때 내용 중에 가난한 집 여자가 부잣집에 가서 천대받는 장면을 보았는데 현재 자신의 처지가 못사는 사람과 가까운 것 같아 비참한 생각이 들 때도 있다고 한다. 그래도 남한 사회와 드라마의 내용은 별로 차이가 없다고 말한다.

> 남한 드라마를 보면서 점점 자유에 물들어 갔다. 용기가 나고 배짱이 생기고… 그러니까 사람들이 힘들면 남한에 좀 갔으면 하는 생각을 한다. 그것이 사실이라는 것만 알면 많은 사람이 동요할 것이다. 한국에 온 가족들은 제 형제나 친척들에게 한국이 진짜 좋다는 말을 전한다. 와서 보니 진짜 좋다는 것을 실감한다(면접참여자 15).

── 까만색 벤츠를 타고 고향 가는 꿈

「면접참여자 17」은 드라마를 보면서 남한에 가면 할 일이 없을 것이라 생각했는데 막상 와서 보니 자신만 열심히 하면 할 수 있는 일이 많은 곳이라는 말을 한다. 운전을 배워서 통일이 되면 까만 벤츠를 타고 고향에 가는 꿈을 꾼다고 한다.

'남한에 가면 우리 같은 북한 사람들은 화장실 청소나 해주고 살겠지. 우리가 가서 뭘 할 수 있겠는가'라고 생각했다. 그런데 막상 남한에 와서 보니 우리 일할 자리는 쌓여 있더라. 식당일은 천지에 널려 있다. 여기저기에서 사람을 요구한다. 무조건 운전을 배워서 통일이 되면 고향으로 가는 환상을 가진다. 까만 벤츠를 타고 고향 가는 꿈을….(면접참여자 17)

제 6 장

남한 영상매체 확산과 북한 체제 변화

북한, 아래로부터의 변화 가능성은 있을까?

1. 남한 영상매체 확산과 문화적 접변

우리는 이번 연구를 통해 북한 내부에서 남한 영상매체 유통이 과연 어느 범위(공간적, 대상적)까지 미치는가 하는 근본적 질문으로 시작했다. 그 범위는 지리적인 지역간 이동에서부터 시작해, 사회계층과 정치경제·사회문화적 의식에 이르기까지 어떻게 구조화되고 있으며 실현되고 있는가의 문제로 옮아갔다.

연구 결과를 보면 남한 영상매체는 북한과 중국이 국경을 맞댄 연선 지역에서부터 유통되기 시작해 이미 구조화된 비공식적 경제활동의 유통 경로와, 과거에 비해 자유로워진 지역간 이동 등 이완된 북한 체제를 연결선으로 해 내륙 지역 깊숙이까지 확산되고 있었다.

또한 판매를 통한 유통뿐만 아니라 가족, 이웃 등 1, 2차 집단 간의 '돌려 보기'는 음성적 유통의 확산과 더불어 관계의 '친밀함'을 매개로 남한 영상매체 내용에 대한 '신뢰'의 깊이까지 더해갔다.

― 남한 문화에 대한 수용의 확산

남한 영상매체를 접한 북한주민들은 어떤 의식 변화의 과정을 거치게 됐고, 그 결과 나타난 의식 변화의 실체는 무엇인가도 이 책의 주된 질문이었다. 남한 영상매체를 접한 북한주민들의 의식 변화 과정은 크게 두 가지 유형으로 구분해 제시할 수 있다. 남한 영상매체를 접하기 전 이미 남한이나 자본주의에 대한 정보를 접했는가 여부를 기준점으로 양분된다. 남한에 대한 사전 정보가 있을 경우 남한 영상매체는 속도감 있게 의식 변화를 추동했다.

> 20-28살까지 군복무를 강원도에서 했는데 친구들이 간부의 자녀들이었다. 이들은 남조선에 대한 것을 많이 들었다. 대북방송과 삐라에 대비해서 교양사업을 하는데 종이가 코팅돼 있는 것을 보고 놀랐다. 경험하고 들은 이야기도 많아서 남조선 영화를 보면서 놀라지는 않았다. 계속 보면서 남한에 가고 싶다는 생각만 자꾸 들었다(면접참여자 24).

반면, 남한 영상매체를 통해 남한 사회에 대한 정보를 처음 접한 경우 기존에 북한 당국에게서 받은 사상학습이나 선전을 통해 형성된 남한 정권과 사회에 대한 부정적, 왜곡된 인식이 영상매체의 내용에도 투영돼 '거부'라는 심리적 기제가 강하게 나타나기도 한다. 그러나 주목할 점은 시간의 흐름과 접촉 기회가 반복되면서 남한 문화와 내용에 대한 '수용'이 빠르게 진척돼 감을 엿볼 수 있다.

— 일상에서의 소소한 일탈, 그리고 탈북

이러한 남한 영상 매체의 유통과 의식 변화는 가시적인 주민 행동 변화로 어떻게, 얼마나 이어질 수 있을 것이며 전반적인 북한 체제 변화로 확산될 수 있을까?

남한 영상매체 시청을 통한 의식 변화가 곧 행동으로 옮겨지는 것은 아니지만 일상에서의 소소한 일탈에서부터 탈북이라는 북한 체제 자체에 대한 근본적 부인을 가능하게 하는 일탈로 이어질 수 있다는 것은 중요한 의미가 있다.

이같은 양상은 북한 내륙 지역에까지 이르며, 계층을 망라한 변화라는 점에서 남한 영상매체 유통이 북한 사회 전반의 변화 매개체로서 동력을 발휘할 수 있다는 점을 간과할 수 없게 한다. 북한주민이 남한 영상매체를 통해 남한 사회와 문화를 동경하게 되고, 직접적인 문화 행동 양식의 변화로까지 확장됐다는 점은 향후 북한 체제 변화를 전망하는 데 주요한 시사점을 주고 있다. 평소 남한 영상매체를 통해 남한의 발전상에 대해 간접 경험을 축적하게 되면, 경제난이 지속될 경우 체제 변화에 대한 집단적 요구를 촉발할 수 있는 의식적 기제로 작용할 수도 있다.

다시 말해 북한주민의 남한 영상매체 시청은 북한 체제 변화를 촉진하는 다른 요인과 상호 결합할 경우 북한 사회 전체를 움직일 수 있는 기폭제가 될 수 있는 것이다. 아울러 북한주민의 남한에 대한 동경과 문화적 수용, 문화접변 등의 영향은 향후 남북한 통합 시 남북한주민간의 이질성을 해소할 수 있는 중요한 동인이 될 수 있다.

2. 북한주민들의 불만은 왜 행동으로 결집되지 않을까?

3대가 멸족될 수 있다는 두려움과 공포

남한 영상매체가 자신들의 탈북에도 영향을 미쳤고, 향후 북한 사회 변화에도 상당한 영향을 미칠 것으로 보고 있지만 실제로 북한주민의 의식 변화가 정권에 대한 불만을 표출하는 직접적 행동으로까지 이어질지에 대해서는 부정적인 인식이 많았다.

왜 주민들의 정권에 대한 불만이 행동화로 이어지지 않는가라는 질문에 대해 대부분의 응답자들은 공포정치 때문이라고 말했다. 자신뿐만 아니라 3대가 멸족될 수 있다는 두려움과 공포로 인해 불만을 행동화한다는 것은 상상도 못한다는 것이다. 그러면서 자신이 아닌 누군가가 대신 해주었으면 하는 바람은 갖고 있었다.

따라서 내적인 불만과 체제에 대한 동요가 어떻게 외면화돼 이것이 집단화되는가의 여부에 따라 북한 체제의 아래로부터의 변화 가능성을 전망해 볼 수 있다. 주목할 점은 지금 이 순간에도 북한주민 사이에 남한 영상매체의 시청 및 보유, 전파가 확산되고 있는 것은 엄연한 사실이며 이를 통해 개개인의 의식 변화가 나타나고 있다는 점이다. 결국 미시적 수준의 인간 행동이나 의식 변화는 이를 구성하는 시스템 전체, 즉 거시적 수준의 변화를 일으킬 수 있는데, 이는 곧 행동 결집 요인과 결합되면 체제 변화에 영향을 미칠 수 있을 것이다.

> 당에 충실하면 어떻게 된다 했는데 실제로 그렇게 되지 않으면서 거짓말이라는 것을 알게 됐다. 배급 타고 유지됐으면 모르지만, 배급도 안 주고 일만 시키기 때문에 '이것은 아니다'라고 생각했다. 하지만 남한에 대해 동경하고 영향을 받지만, 옆에서 사람이 죽어가고 어느 사이에 어디로 갔다는 말을 들으면 무서워서 말할 수 없었다. 지금의 상황이 바뀌기를 바라는 사람이 많다. 그러나 외부에서 손을 잡아주지 않는 한 절대 변화할 수 없다(면접참여자 1).

— 정치일꾼, 굶어도 지키자는 내용이 신물이 났다.

아울러 이러한 의식 변화와 체제에 대한 불만은 일반 주민뿐만 아니라 당 간부들에게도 동일하게 나타나고 있다는 점도 흥미로운 사실이다. 「면접참여자 12」의 경우 여맹위원장으로서 정치일꾼이었고 체제에 대한 충성도도 높았다. 그런데 남한 영상매체를 처음에 호기심으로 보게 됐는데 시청 횟수가 많아지면서 심취하게 됐다고 한다. 무엇보다 북한 영상물은 주로 정치적인 내용이 많은데 여기에 반감을 갖게 되고 당에 대한 인식이 점차 변했다고 증언한다.

인민반장, 여맹위원장을 하면서 정치일꾼이었다. 체제에 대한 불만은 생각지도 않았고 오직 당을 위해 충성해야 한다고 생각했다. 우연히 호기심으로 남한 드라마를 보게 됐는데, 호기심으로 보니까 거기에 심취됐다. 북한 것은 내용도 정치적인 내용이 많다. 굶어도 지키자는 내용이 신물이 났다. 생각이 자연히 달라졌다(면접참여자 12).

왜 북한주민들의 체제 불만은 행동으로 이어지지 못할까?

북한주민들은 남한 영상매체를 보며 남한의 발전된 모습과 자신들의 비참한 삶을 비교하면서 김정일을 비롯한 북한 지도부에 대해 비판적 시각을 갖게 된다. 그런데 왜 이같은 체제에 대한 불만과 비판이 직접적 행동으로는 이어지지 못할까?

북한정권과 김정일에 대해 불만은 갖고 있지만 실제로 이것을 주위 사람들과 연계해 행동화하는 생각에는 미치지 못하는데, 누군가 나섰으면 좋겠지만 절대 본인은 그렇게 하지 못한다는 생각을 한다. 이는 '멸족'이라는 말에서도 알 수 있듯이 자신은 물론 자손까지 당하게 될 처벌에 대한 두려움과 공포가 강하게 작용하고 있기 때문이다. 정권에 대한 두려움과 공포정치가 얼마나 인간을 무기력하게 만들 수 있는지를 잘 보여주는 대목이다.

어느 사람이 폭동을 일으키든 폭격을 하든 정세가 뒤집어졌으면 좋겠다. 그렇지만 그렇게 하면 그 지역이 불바다 되고 당사자는 멸족된다. 누군가 나섰으면 좋겠는데 모두 자기는 그렇게 못한다고 생각한다. 너무 두려워서…(면접참여자 2).

결국 북한 체제의 아래로부터의 변화 가능성 문제를 전망할 때 중요한 것은 북한주민의 내적인 불만과 체제에 대한 반감이 어떻게 외면화돼 이것이 집단화되는가가 관건이다. 과연 북한주민들은 어떻게 두려움과 공포에서 벗어나 아래로부터의 변화를 이끌 수 있을까. 북한주민에 대한 직접적인 민주화 교육이 이뤄지지 않는 이상 이 문제에 대한 답은 북한주민 스스로의 몫이다. 하지만 북한 지도부에 대한 불만이 확장되는 가운데 의식의 변화가 이뤄지면서 이를 촉발할 수 있는 하나의 계기와 결합하면 북한주민들의 변화에 대한 욕구가 집단적으로 표출할 가능성도 충분하다.

즉, 지속적인 외부 정보 유입을 통해 개혁·개방에 대한 인식이 확산되는 가운데 특정 계층에 의한 부의 독점으로 인해 빈부격차가 더욱 확대된다면, 북한주민의 체제에 대한 불만은 더욱 강해지고 결국 사회구조의 변화를 강력하게 요구해 나갈 가능성도 존재한다.[32]

3. 남한 영상매체는 북한 체제 변화의 촉매제가 될 수 있을까?

─ 자신들이 남한에 와 있는 것이 바로 확실한 증거

남한영상매체를 통한 외부 정보 유입이 북한주민의 의식 변화에 그리고 더 나아가 북한 체제 아래로부터의 변화를 이끄는 촉매제가 될 수 있을까? 면접참여자들에게 남한 영상매체 확산이 북한을 변화시킬 수 있을 것으로 보는가라는 질문을 했는데, 면접참여자 중 대부분은 상당한 영향을 미칠 것이라고 대답했다. 자꾸 보고, 듣고, 나누는 과정에서 사상과 이념에 대한 의식이 변화하게 될 것임을 강조한다. 무엇보다 자신들이 남한에 와 있는 것이 바로 확실한 증거라고 한다.

> 당연히 영향을 미치지요. 바로 나처럼 되지요. 남한 출판물, 녹화기를 보지 말라고 인민반 회의 때마다 학습했어요. 하지만 젊은 사람들이 더 많이 봐요. 가장 가까운 친구들과 이야기를 나누죠(면접참여자 18).
>
> 남한 드라마를 보고 있으면 우리도 저렇게 살아봤으면 하는 욕망이 생긴다. 실제로 자꾸 보다보면 남한식 옷, 스타일대로 하려고 하는 마음이 점점 더 커진다(면접참여자 10).

남한 영상매체를 보면서 그 땅에서 살아봤으면 하는 생각을 할 만큼 한국에 대한 환상을 가지게 되는데, 그러한 내용이 사실이라는 것만 명확히 확인되면 많은 사람들이 동요할 것이라고 증언한다.

> 사람이 저런 세상에서 살아봤으면 하는 생각을 다 가진다. 점점 자유에 물들어간다. 용기가 나고 배짱이 생기고…. 그러니까 사람들이 힘들면 남한에 좀 갔으면 하는 생각을 한다. 그것이 진실이라는 것만 알면 많은 사람이 동요할 것이다(면접참여자 15).

또한 북한주민은 남한 영상매체를 통해 단순히 남한 문화와 이를 통한 의식 변화뿐만 아니라, 지금까지 북한 당국의 철저한 정보 통제로 알지 못했던 외부 세계를 경험하게 되는 요인이 된다는 점에서도 상당한 영향력이 있다고 볼 수 있다.

> 북한은 인터넷이 안 돼 세상 밖을 잘 모른다. 세계에서 북한이 최고인 줄 알고 살았다. 남한 영상매체를 보면서 세계를 알아간다. 한국이 잘 산다는 내용도 알게 됐고, 영상매체에 보면 다른 나라에 여행 가는 내용이 나오는데 그것을 통해서 세계를 알았다 (면접참여자 11).

— 완전 새빨간 사람도 변한다.

무엇보다 남한 영상매체가 북한 체제 변화에 영향력을 미친다는 것은 북한주민이 기존에 갖고 있었던 사회주의 체제에 대한 반감으로 나타나는 것에서 명확히 알 수 있다. 「면접참여자 12」의 경우 자신은 물론 가족들이 군대 선전부장으로서 정치일꾼을 할 만큼 당에 대한 충성도가 높고 사상적 무장이 철저하게 이뤄진 사람이었음에도 남한 영상매체를 보고 의식이 변화된 경험을 이야기하고 있다.

> 자꾸 듣고 보고 하면 생각이 자연히 달라질 것이다. 열 번 찍어 안 넘어가는 나무 없다고 본다. 저희 형부가 군단 선전부장을 했는데, 정치일꾼이니까 바늘로 찔러도 안 통하는 사람이었다. 새빨게도 완전 새빨간 사람이었는데, 어느 순간 형부가 남한 사회의 발전에 대해 공감을 하는 이야기를 했다. 사상을 불어넣어서 그런지는 모르지만 남한 영화나 드라마를 자꾸 듣고 보고하는 과정에서 달라진 것 같다. 이런 선전을 하면 사람의 생각은 자연히 돌아가게 돼 있다. 그렇게 철저한 사람도 돌아가는 것을 보고 정말 신기하다고 생각했다(면접참여자 12).

북한 체제의 질적인 변화, 티핑 포인트는 가능할까?

북한 체제의 질적인 변화로서 아래로부터의 변화를 이끌 수 있는 것은 결국 북한주민 개개인에게 형성돼 있는 의식의 분자화를 어떻게 집단화로 바꿀 수 있는가의 여부라 할 수 있다. 사회 구성원들의 의식은 사회구조의 반영물이기도 하지만 역으로 의식 변화가 사회구조의 변화를 촉진시킬 수 있는 것이다. 정보 유입을 통한 개혁·개방에 대한 인식이 확산되고 특정 계층에 의

한 부의 독점이 빈부격차를 더욱 확대한다면, 북한주민의 체제에 대한 불만은 더욱 강해지고 결국 사회구조의 변화를 강력하게 요구해 나갈 가능성도 존재한다.[33]

북한의 지속적이고 심층적 변화를 촉진하기 위해서는 북한 자체의 변화가 있어야 하는데 이때는 외부에서 정보가 유입되는 것이 효과적이다. 외부에서의 정보 유입은, 북한 사회의 허위와 진실의 문제를 인식케 하는 수단이 된다. 북한주민이 믿고 있는 박제된 지식, 허위 여론을 자각시키고 '진실 여론'을 확대하는 계기가 된다.[34] 외부에서 들어오는 정보는 북한 사람들의 의식에 어떤 형태로든 영향을 미칠 것이며, 마침내는 독재 체제의 붕괴와 북한의 민주화로 이어질 것이다.[35] 민주주의 체제는 구체제의 통치자들이 아래로부터 도전하는 세력의 힘을 제어할 수 없기 때문에, 기존의 권력을 포기하거나 양보한 결과로써 나타난다. 이 점에서 민주화는 지배 세력과 도전 세력 간 집단적 힘의 충돌이라는 정치적 갈등의 산물이다.[36]

티핑 포인트의 매력은 이름 없는 우리의 행동 하나가 어느 순간 거대한 변화의 물결을 이뤄낼 수 있다는 사실이다. '나 하나쯤이야'가 아니라 '나 하나라도'라는 생각이 소리 없이 번져나가면서 이뤄내는 변화가 어느 지점에선가 우리 삶의 질적인 도약을 가능케 한다는 발상이다. 사적인 전염 현상을 자세히 들여다보면, 우리가 의존하는 사람들 중에는 우리를 다른 사람들이나 새로운 정보에 연결해 주는 사람이 있다는 것을 분명히 알 수 있다.³⁷ 티핑 포인트는 어떤 아이디어나 경향, 사회적 행동이 들불처럼 번지는 마법의 순간을 가리킨다. 티핑 포인트를 만드는 규칙 중 하나는 바로 소수의 법칙이다. 결국 북한 체제라는 하나의 구조를 변화시킬 수 있는 것은 분자화된 개인의 힘이 하나로 결집돼 이를 행동화할 수 있는 다른 요인과 결합되는 것이며, 이는 질적인 변화를 수반하는 티핑 포인트가 될 수 있을 것이다.

제7장

글을 맺으며

소프트파워인 남한 영상매체의 활용

— 웹 2.0의 정보화 시대를 살아가는 남한

현재 우리 사회에서는 온라인의 소셜네트워크(SNS: Social Network Service)를 통해 오프라인에서 형성된 학연, 지연, 혈연, 직장동료와는 다른 형태의 인간관계 및 인적 네트워크가 형성되고 있다. 이러한 소셜네트워크는 국가를 넘어 전 지구적으로 확산돼 경제와 산업, 사회와 문화를 통째로 뒤바꾸면서[38] 우리가 알고 있던 세상의 모든 것이 달라질 것이라는 전망까지 나오고 있다.

과거에는 언론을 비롯한 소수의 행위자가 특정 정보를 생산·배포했기 때문에 사실의 왜곡이나 과장은 물론 정보 통제까지 이뤄지기도 했다. 하지만 최근에는 정보통신의 급격한 발달로 정보 생산자와 소비자가 구별되지 않고, 정보 네트워크에 접속하면 누구나 정보를 생산, 배포할 수 있는 시대가 됐다. 인터넷은 이제 또 다른 권력이 됐고 개개인은 정보의 생산자와 소비자라는 양자의 역할과 기능을 담당하고 있다.

— 남한 영상매체, 북한 사회변화를 위한 촉매제

이에 반해 북한은 온라인에서의 정보활동은 상상도 못할 뿐만 아니라, 오프라인에서의 정보 전달 역시 당국의 엄격한 통제와 감시로 인해 제한을 받고 있는 실정이다. 북한 당국으로서는 남한 영상매체의 급속한 확산을 막기 위해 갖은 수단과 방법을 동원해 단속을 강화하고 있다.

하지만 이러한 당국의 통제와 감시의 벽을 넘어 북한주민의 외부 정보에 대한 접촉점은 선과 선으로 연결되면서 더욱 확장되고 있다. 그동안 철저하게 북한 당국에게서 주입된 정보만을 받아온 북한주민에게 남한 영상매체는 외부 세계를 보는 또 다른 창이 되고 있다. 감시와 통제 상황은 오히려 자신이 알게 된 외부 정보를 주변 사람에게 전해 주고 싶은 욕구를 더욱 강하게 분출시키기도 한다. 이는 사람과 사람 사이를 연결하는 길고도 은밀한 실타래가 되어 북한 사회를 휘감아 가고 있다. 이 실타래가 어떤 촉발 요인을 만났을 때 북한 사회를 흔드는 온전한 조직물로 엮이게 될지는 앞으로 더 두고 봐야 할 일이다. 다만, 북한 내부에 지속적이며 은밀하게 확대되고 있는 남한 영상매체의 유통과 정보의 확산은 단순한 대인간 연결을 넘어 폐쇄적인 북한 사회를 변화시킬 수 있는 촉매제가 될 수 있을 것으로 본다.

─ 남한 영상매체, 천국에 오르는 계단이 되길…

북한이탈주민들에게 북한에서 본 남한 드라마 중 제일 인기 있었던 드라마는 무엇이냐고 물어보면 많은 사람들이 <천국의 계단>을 꼽는다. 비록 드라마이기는 하지만 자신들이 본 드라마

속의 한국은 그야말로 천국과 같은 곳이었다고 한다. 인간으로서 기본적으로 누려야 할 최소한의 권리도 갖지 못한 채 억압과 통제 속에서 살아온 그들에게 풍요롭고 자유로운 한국의 모습은 분명 천국과 같이 비쳐졌을 것이다. 물론 북한에서 본 천국과 같았던 남한이 현실에서 그대로 천국이 되는 것은 아니다. 남한에 입국한 북한이탈주민에게 남한에서의 삶은 결코 녹록치 않아 보인다.

하지만 최소한 북한에서의 삶과는 비교할 수 없을 정도로 자유와 풍요를 누릴 수 있게 됐다는 점은 분명하다. 고향에 대한 그리움과 남겨진 가족에 대한 애절함은 있지만 그래도 그곳으로 다시 돌아가고 싶지 않은 것은 남한에서의 삶이 최소한 자신이 하고 싶은 것을 할 수 있는 자유가 있기 때문이라 한다.

남한 영상매체를 시청하고 천국에 들어가는 꿈을 안고 탈북 했다는 점을 고려하면 이제 우리의 관심은 북한에 남아 있는 주민들도 같은 꿈을 꿀 수 있도록 해주어야 한다. 북한주민에게 남한 영상매체가 천국을 꿈꾸며 그 천국에 오를 수 있는 계단으로서의 역할을 할 수 있도록 해야 한다.

북한주민에게 남한 영상매체를 보는 그 시간만큼은 다른 세상에 접속할 수 있는 타임머신이 된다. 그들은 남한 드라마를 통해 사람 사는 모습을 보면서 작은 행복과 기쁨을 찾고 있다고 해도 과언이 아니다. 오랫동안 외부 정보를 접하지 못하고 억압과 감시의 삶을 살아온 그들이 최소한 남한 영상매체를 통해서나마 외부 정보를 접할 수 있다면 그것만으로도 남한 영상매체의 긍정적 기능이 있는 것이다.

한류라 표현될 만큼 남한 영상매체가 인기를 누리고 '남한 따라하기' 현상이 지속되고 있는 것은 북한주민이 남한 영상매체를 통해 사람 사는 이야기를 엿볼 수 있기 때문이다. 한류가 인기가 있다면 남한 영상매체를 어떻게 북한주민들에게 더욱 많이 전달할 수 있는지에 대해 고민해야 한다. 북한 당국의 단속과 처벌을 피해 좀 더 많은 주민들에게 남한 영상매체를 통해 외부 정보를 유입시킬 수 있는 지혜가 필요하다.

─ 남한 영상매체, 황금알을 낳는 거위

남한 영상매체가 북한주민에게 긍정적 기능으로 작용하고 있다면 우리가 앞으로 할 수 있는 일, 아니 해야만 하는 일은 무엇일까? 한편에서는 의도적으로 정치적 내용을 담은 영상물을 제작해서 북한에 보내자는 의견도 있다. 이것도 물론 좋은 방안일 수 있지만, 자칫 이솝 우화에 나오는 '황금알을 낳는 거위' 이야기처럼 역효과를 낼 수 있다는 점도 고려해야 한다.

하루에 하나씩 황금알을 낳는 거위가 있었는데 주인이 빨리 부자가 되고 싶은 욕심에 거위의 배를 갈랐다는 이야기이다. 지금 당장 남한 영상매체가 북한주민에게 인기가 있고 의식 변화에 효과가 있다고 해서 정치적 내용을 주제로 한 의도적인 영상을 만드는 등 욕심을 낸다면 오히려 북한주민에게서 외면당할 수 있다. 북한에서 남한 드라마나 영화가 인기를 누리는 것은 정치적인 내용이 직접적으로 언급되지 않고 인간 생활의 모습을 그대로 담고 있기 때문이다. 사람이 살아가는 그 자체를 다루고 있기 때문에 좋다는 것이다.

따라서 남한 드라마와 영화에 포함될 간접 콘텐츠의 개발이 필요하다. 우리의 시각으로 보면 대수롭지 않은 장면에서도 북한주민은 남한의 경제상을 알게 되고, 민주주의 의식과 자본주의를 경험하게 된다는 점을 주목할 필요가 있다. 즉, 직접적인 정치적 목적을 담은 내용이 아니라 영상 배경이나 내용 등 간접 경험을 통해 북한주민의 의식 변화를 기할 수 있도록 해야 한다.

우리가 의도하지 않았지만 한국의 생활 속에서 자연스럽게 보이는 자본주의나 민주주의 의식을 제고할 수 있는 콘텐츠를 개발하는 것이 필요하다. 가령, 영화나 드라마에 나오는 배우들이 누구라도 자기 할 말은 다 하는 것, 여성이 대접받는 사회라는 인식, 자기가 일한 만큼 돈을 벌 수 있다는 인식, 자기만 원한다면 마음껏 공부할 수 있다는 내용 등을 드라마나 영화에 자연스럽게 녹여내는 것을 고민해야 한다.

물론 남한 드라마나 영화는 극적 재미를 높이기 위해서 현실과는 전혀 다른 모습도 보여준다. 또한 자본주의 사회에서 드라마나 영화는 시청률과 상업성을 고려할 수밖에 없다. 따라서 이러한 자본주의의 속성과 북한주민이라는 또 다른 시청자를 감안한 콘텐츠를 어떻게 만들 것인가에 관한 지혜가 필요하다. 자본의 논리를 바탕으로 상업성을 위해 제작된 영상매체가 뜻하지 않게 독재체제에서 고통 받고 있는 그 누군가의 삶에 작은 희망이 되고 있다면 그것을 제작하는 사람들에게는 특별한 소명이 부여된 것은 아닐까 감히 생각해 본다. 북한에서의 한류가 단순히 일시적인 바람으로 끝나는 것이 아니라 남북한 통일시대를 준비해 가는 디딤돌의 역할을 할 수 있도록 우리 모두의 특별한 소명의식이 요구된다.

사람과 사람 사이의 통합

독일 통일 20여년을 맞으면서 아직까지 사람과 사람 사이의 통합은 여전히 진행형이라는 점을 되새겨 볼 필요가 있다. 남북한 통일은 경제적 가치의 부각도 중요하지만 무엇보다 개인의 삶의 질이 보장되고 '사람과 사람 사이'의 통합이 우선시 돼야 한다. 통일 이후를 생각하면 남북한주민간의 인식적 통합이 중요하며, 완전한 통일은 결국 사람과 사람 사이의 소통과 통합을 통해 이뤄진다.

이러한 점을 고려할 때 북한주민이 남한 영상매체를 통해 남한 문화와 생활을 미리 경험하게 되는 간접 경험의 축적은 남북한 통합에 중요한 영향을 미친다. 이제는 북한정권이 주체가 된 위로부터의 변화뿐만 아니라 소프트파워를 통해 아래로부터의 변화를 이끌어 낼 수 있는 전략이 필요하다. 다시 한 번 강조하지만 통일은 경제 성장과 국토 회복뿐만 아니라 사람과 사람 사이의 통합으로 완성된다. 현재 북한 체제의 불확실성이 증대되고 있다면 오히려 지금부터 북한정권과 북한주민을 구분해 북한주민의 마음을 사로잡는 소프트파워 전략을 마련해야 한다.[39]

북한에서 유통, 확산되고 있는 남한 영상매체는 전류로 비유해 볼 수 있다. 전류는 전원 스위치를 눌렀을 때 비로소 빛이 된다. 현재 북한에서의 남한 영상매체 확산은 발전소에서 전력이 생산되어 각지로 흘러가고는 있으나 아직까지 전원 스위치를 켜지 못한 상황이라 할 수 있다. 전원 스위치를 누군가 켜는 촉발 요인이 나타난다면, 한류라는 전기의 흐름은 북한의 어딘가를 안팎에 비추는 역할을 하지 않을까. 이 때 나타날 변화를 향한 요구는 이미 구축된 한류의 전선망을 타고 빠른 속도를 낼 수도 있을 것이다.

따라서 북한정권과 북한주민을 구분해 아래로부터의 변화 가능성에 주목해야 한다. 북한주민들의 의식과 실생활의 변화가 북한 체제 전반의 변화로 이어질 수 있도록 외부에서 손을 잡아주어야 한다.

통일은 북한에 남한 문화를 이식하는 것이 아님은 분명하며, 북한이 남한의 모든 것을 그대로 답습하는 과정도 아닐 것이다. 사람과 사람 사이의 어우러짐이 바로 우리가 꿈꾸는 통일의 모습이다. 그 어우러짐을 위해 북한에 부는 한류가 북한 사람들의 마음속에 남한 사람에 대한 기억으로 새겨지길, 그 기억이 남북한 사람들을 잇는 같은 추억이 되길 바래본다.

주석

1. 브루노 라투르 외 지음, 홍성욱 엮음,『인간·사물·동맹: 행위자네트워크 이론과 테크노사이언스』(서울: 이음, 2010), p. 42.
2. 이우영, "북한 체제 내 사적 담론 형성의 가능성,"『북한 도시주민의 사적 영역 연구』(서울: 한울아카데미, 2008), p. 167.
3. 이우영, "북한 체제 내 사적 담론 형성의 가능성," pp. 164-165.
4. 두 개의 그룹(컴포넌트)이 하나의 점에 의해 연결되면 이는 연결점이 되고, 두 개의 그룹이 상호 연결선에 의해 연결되면 이를 '브릿지'라고 한다. 손동원,『사회네트워크 분석』(서울: 경문사, 2008), p. 8
5. 손동원,『사회네트워크 분석』, p. 23.
6. 리처드 오글 지음, 손정숙 옮김,『스마트월드: 세상을 놀라게 한 9가지 창조성의 법칙』서울: 리더스북, 2008, p. 199.
7. 이주철, "북한주민의 외부 정보 수용 태도 변화,"『한국동북아논총』제46집(2008), p. 245.
8. 박정란 외, "새터민 자립정착을 위한 직업능력개발훈련 현황과 개선 방안 연구." (통일부 정착지원팀 연구용역, 2007).
9. 이 시기를 '일탈의 시대' 혹은 '체제 혼란기'로 명명하기도 하는데, 이는 북한 역사상 어느 때보다도 혁신, 의례주의, 도피주의가 두드러지게 나타났고, 심지어 일부 권력 엘리트의 반역적 움직임마저 존재했기 때문이다. 이에 대한 상세한 논의는 전현준·김국신·정영태·최수영·김진환,『북한의 국력 평가 연구』(서울: 통일연구원, 2009), p. 309.
10. 이교덕 외,『새터민의 증언으로 본 북한의 변화』. (서울: 통일연구원, 2009), pp. 48~49.
11. 김창희, "북한 사회의 시장화와 주민의 가치관 변화,"『한국동북아논총』제52집(2009), p. 95.
12. 정은이, "북한의 자생적 시장발전 연구,"『통일문제연구』2009년하반기(통권 제52호) p. 175.
13. 이주철, "북한주민의 외부 정보 수용 태도 변화,"『한국동북아논총』제46집(2008), p. 245.
14. 최봉대, "북한 도시 사적 부문의 시장화와 도시가구의 경제적 계층분화," 이우영 엮음,『북한 도시주민의 사적 영역 연구』(서울: 북한대학원대학교, 2008), p. 71.
15. 메뚜기 장사꾼들은 매대 없이 떠도는 열악한 상황에서 장사를 하는 상인들이다. 이들은 북한 시장경제를 최하위에서 떠받치며 지역시장에서 상품을 유통시킨다. 북한의 시장 메커니즘에 대한 상세한 논의는 차문석, "북한의 시장과 시장경제,"『담론 201』제10권 2호(2007), p. 97 참조.

16_ 손동원, 『사회네트워크 분석』, pp. 72-73.
17_ 면접참여자 18의 남편의 경우 남한 영상매체를 주변에 대규모로 확산한 경우인데 결국 보위부에 적발돼 징역을 선고받고 감옥에서 사망했다고 증언한다.
18_ 임강택·이석기·이영훈·임을출, 『2008년 북한 경제 종합평가 및 2009년 전망』(서울: 통일연구원, 2009), p. 45.
19_ 박희진, "북한 시장의 형성과 체제 내 활용," 현대북한연구회 엮음, 『김정일의 북한 어디로 가는가?』(서울: 한울, 2009), p. 267.
20_ 이교덕 외, 『북한 체제의 행위자와 상호작용』(서울: 통일연구원, 2009), p. 116.
21_ 정은이, "북한의 자생적 시장발전 연구," 『통일문제연구』 2009년하반기(통권 제52호) p. 179.
22_ 박정란·강동완, "북한의 정치사회화 및 수령관에 대한 인식 변화," 『정치·정보연구』 제12권 1호(2009), p. 86.
23_ 림근오, "조선의 시장화와 비정상화, 주민생활 변화," 『임진강』 2010 여름 8호(2010), p. 54.
24_ 김환석, "북한 조선중앙TV의 역할과 내용분석 및 남한 개방시 파급 영향," (국가안보전략연구소, 2010.8.13).
25_ 임강택·이석기·이영훈·임을출, 『2008년 북한 경제 종합평가 및 2009년 전망』(서울: 통일연구원, 2009), p. 45.
26_ 아날로그 텔레비전에서 사용되는 인코딩 방식으로는 팔(PAL)과 NTSC 방식이 있는데, 남한은 NTSC를, 북한은 팔(PAL) 방식을 사용하고 있다. 팔(PAL)이라는 용어는 주로 625라인/50Hz로 주로 유럽 지역에서 사용되는 방식이다. NTSC는 525라인/60Hz로 주로 한국, 일본, 북중미 지역에서 사용하고 있다.
27_ '비사회주의그루빠(Group)'는 '비사그루빠'라는 약칭으로 사용된다. 비사회주의적인 행위를 단속하고 행위자를 처벌하는 것이 이들의 주요 업무다. 당 기관, 국가안전보위부, 인민보안성, 행정, 근로단체 일꾼 등으로 구성돼 있으며, 가택 수색과 TV, 녹화기, 녹화테이프와 CD를 임의로 처리할 수 있는 '몰수 권한'을 갖고 있다. '비사회주의검열그루빠'는 몇 십 명씩 몰려다니며 불시에 가택을 수색하기도 한다. 특히 국경 지역 도시들을 상대로 야간순찰대를 조직, 거리를 오가는 사람들까지 몸수색과 가택 수색을 하고 있는 것으로 전해지고 있다. 집중 검열은 중앙의 노동당 행정부 혹은 지방당 조직부에서 실시한다.
28_ "북한에 남한 드라마 CD 확산," 『미래한국』, 2009년 12월 29일.
29_ 우정, 『북한』 446호(2009년 2월호), p. 94.
30_ 이교덕 외, 『북한 체제의 행위자와 상호작용』(서울: 통일연구원, 2009), p. 116.
31_ 고양이 담배는 북한에서 가장 흔한 뇌물 품목으로 통하는 물건이다. 정식 명칭은 '크레

이븐(CRAVEN)A'인데 담뱃갑에 고양이 그림이 있어 북한주민 사이에서는 고양이 담배로 통한다고 한다.

32_ 이무철, "북한주민의 경제관과 개혁·개방의식,"『북한연구학회보』제10권 2호, p. 210.

33_ 이무철, "북한주민의 경제관과 개혁·개방의식," p. 211.

34_ 우정, "북한 체제에 대한 정보 유입과 사회변동,"『北韓』446호(2009), p. 97.

35_ 안드레이 란코프, "외부 세계의 정보가 소련의 변화에 미친 영향."

36_ 최장집,『민중에서 시민으로』(서울: 돌배게, 2009), p. 24.

37_ 말콤 글레드웰, 임옥희 옮김,『티핑 포인트』(서울: 21세기북스, 2004).

38_ 김중태,『소셜네트워크가 만드는 비즈니스 미래지도』(서울: 한스미디어, 2010).

39_ 강동완, "대북 인도적지원의 사회적 합의와 필요성,"『북한의 식량난과 대중국 의존』(평화재단 제41차전문가포럼, 2010.6.16), p. 34.

■■■ 참고 문헌

1. 단행본

김동명. 『독일 통일, 그리고 한반도의 선택』. 파주: 한울아카데미, 2010.
김중태. 『소셜네트워크가 만드는 비즈니스 미래지도』. 서울: 한스미디어, 2010.
리처드 오글 지음. 손정숙 옮김. 『스마트월드: 세상을 놀라게 한 9가지 창조성의 법칙』. 서울: 리더스북, 2008.
말콤 글래드웰 저, 임옥희 역. 『티핑포인트』. 서울: 21세기북스, 2008.
박순성·홍민 엮음. 『북한의 일상생활세계: 외침과 속삭임』. 파주: 한울아카데미, 2010.
박형중·조한범·장용석. 『북한 '변화'의 재평가와 대북정책 방향』. 서울: 통일연구원, 2009.
브루노 라투르 지음. 홍성욱 옮김. 『인간, 사물, 동맹: 행위자네트워크이론과 테크노사이언스』. 서울: 이음, 2010.
정영태·김연철·서상현. 『비교사회주의 측면에서 본 북한의 변화 전망』. 서울: 통일연구원, 2007.
손기웅. 『독일통일 쟁점과 과제』. 서울: 늘품플러스, 2009.
손동원. 『사회네트워크 분석』. 서울: 경문사, 2008.
안드레이 란코프. 『북한 워크아웃』. 서울: 시대정신, 2009.
오기현. 『그 해 여름, 그들은 왜 조용필을 불렀나』. 서울: 미래를 소유한 사람들, 2010.
이교덕 외. 『새터민의 증언으로 본 북한의 변화』. 서울: 통일연구원, 2008.
_____. 『북한체제의 행위자와 상호작용』. 서울: 통일연구원, 2009.
임강택·이석기·이영훈·임을출. 『2008년 북한 경제 종합평가 및 2009년 전망』. 서울: 통일연구원, 2009.
전현준·김국신·정영태·최수영·김진환. 『북한의 국력 평가 연구』. 서울: 통일연구원, 2009.
최진욱 외. 『북한 개방 유도 전략: 목표, 기본방향 및 단계별 과제』. 서울: 통일연구원, 2009.
히라노 겐이치로 지음, 장인성 외 옮김. 『국제문화론』. 서울: 풀빛, 2004.

2. 논문

곽승지. "주체사상의 이론체계." 세종연구소 북한연구센터. 『북한의 사상과 역사인식』. 파주: 한울아카데미, 2006.

김병욱·김영희. "선군시대 북한주민들의 사회적 신분변화." 『정책연구』. 제162권, 2009.

김창희. "북한 사회의 시장화와 주민의 가치관 변화." 『한국동북아논총』 제52집, 2009.

박정란 외. "새터민 자립정착을 위한 직업능력개발훈련 현황과 개선 방안 연구." (통일부 정착지원팀 연구용역, 2007).

박정란·강동완. "북한의 정치사회화 및 수령관에 대한 인식변화 연구." 『정치·정보연구』. 제12권 1호, 2009.

박형중. "북한에서 권력과 재부(財富)의 분배구조와 동태성." 『통일문제연구』, 제51호, 2009.

박희진. "북한 시장의 형성과 체제 내 활용," 현대북한연구회 엮음, 『김정일의 북한 어디로 가는가?』. 파주: 한울아카데미, 2009.

이우영. "북한 체제 내 사적 담론 형성의 가능성." 『북한 도시주민의 사적 영역 연구』. 파주: 한울아카데미, 2008.

이무철. "북한 주민들의 경제관과 개혁·개방의식." 『북한연구학회보』 제10권 2호, 2007.

이주철. "북한주민의 외부정보 수용 태도 변화." 『한국동북아논총』. 제46집, 2008.

_____. "북한주민의 남한 방송 수용 실태와 의식변화." 『통일문제연구』. 제40집, 2003.

이창현·김성준. "북한이탈주민의 남한 방송 수용 특성과 미디어 교육의 방향." 『북한연구학회보』 제11권 2호, 2007.

전성우. "통독 20년 중간 결산: '체제통합' 성공, '사회통합' 실패?" 『통일문제의 비교·사회학적 접근』. 북한사회문화학회·통일연구원·서울대 통일평화연구소 공동주최 학술회의 자료집, 2010.11.26.

정은이. "북한의 자생적 시장발전 연구," 『통일문제연구』 제52호, 2009.

차문석. " 북한의 시장과 시장경제." 『담론 201』 제10권 2호, 2007.

최봉대. "북한 도시 사적 부문의 시장화와 도시가구의 경제적 계층분화." 이우영 엮음. 『북한 도시주민의 사적 영역 연구』. 서울: 북한대학원대학교, 2008.

최봉대·구갑우. "북한의 도시 '장마당' 활성화의 동학." 최완규 엮음. 『북한 도시의 위기와 변화』. 파주: 한울아카데미, 2006.